金剛界曼荼羅

摩訶毗盧遮那佛

胎藏界曼荼羅

日本佛教真言宗高野山派金剛峰寺中院流第五十四世傳法大阿闍梨
中國佛教真言宗五智山光明王寺光明流第一代傳燈大阿闍梨

悟光上師法相

續 真言宗
30日談

「智理文化」系列宗旨

「智理」明言

中華智慧對現代的人類精神生活,漸漸已失去影響力。現代人,大多是信仰科學而成為無視中華智慧者,所以才沒有辦法正視中華智慧的本質,這也正正是現代人空虛、不安,以及心智貧乏的根源。

有見及此,我們希望透過建立「智理文化」系列,從而在「讓中華智慧恢復、積極改造人性」這使命的最基礎部分作出貢獻:「智理文化」系列必會以正智、真理的立場,深入中華智慧的各個領域,為現代人提供不可不讀的好書、中華智慧典範的著作。這樣才有辦法推動人類的進步。我們所出版的書籍,必定都是嚴謹、粹實、繼承中華智慧的作品;絕不是一時嘩眾取寵的流行性作品。

何以名為「智理文化」？

佛家說：「無漏之正『智』，能契合於所緣之真『理』，謂之證。」這正正道出中華智慧是一種「提升人類之心智以契合於真理」的實證活動。唯有實證了「以心智契合於真理」，方能顯示人的生活實能超越一己的封限而具有無限擴展延伸的意義。這種能指向無限的特質，便是中華智慧真正的價值所在。

至於「文化」二字，乃是「人文化成」一語的縮寫。《周易•賁卦•彖傳》說：「剛柔交錯，天文也；文明以止，人文也。觀乎天文，以察時變，觀乎人『文』，以『化』成天下。」可見人之為人，其要旨皆在「文」、「化」二字。

《易傳》說：「文不當故，吉凶生焉！」天下國家，以文成其治。所以，「智理文化」絕對不出版與「智」、「理」、「文」、「化」無關痛癢的書籍，更不出版有害於人類，悖乎「心智契合於真理」本旨的書籍。

由於我們出版經驗之不足，唯有希望在實踐中，能夠不斷地累積行動智慧。更加希望社會各界的朋友，能夠給我們支持，多提寶貴意見。最重要的是，我們衷心期待與各界朋友能夠有不同形式的合作與互動。

「智理文化」編委會

張惠能博士
（覺慧、玄覺大阿闍梨）介紹：
香港中華密教學會會長
中華智慧管理學會會長

香港大學畢業和任教。修讀電腦科學，
三十年來專門研究人工智能，在國際期刊
及會議上發表了五十多篇論文，並於香港
大學專業進修學院主管及教授電腦創新科
技課程，當中包括：大數據分析、雲端運
算、電腦鑑證、物聯網、人工智能革命、區
塊鏈科技革命等，多年來培育創新科技人
材眾多。

另一方面，會長自幼深入鑽研中西文化、
佛法及易理。廿多年來潛心禪觀、念佛及
修密，並自2007年春開始不間斷地在學會、
學院、及各大學教授禪觀、念佛及正純密
法。會長乃皈依「中國佛教真言宗光明流」
徹鴻法師，體悟真言宗秘密印心之真髓，
獲授「中國佛教真言宗光明流」大阿闍梨之

秘密灌頂，傳承正純密教血脈，弘揚正純密教「即身成佛」之法，教人「神變加持」，同行佛行，齊見佛世。

張惠能博士佛經系列著作：
《壇經禪心》、《楞伽佛心》、《圓覺禪心》、《楞嚴禪心》、《楞嚴禪觀》、《金剛經禪心》、《維摩清淨心》、《藥師妙藥》、《彌陀極樂》、《大日經 住心品》、《地藏十輪經》、《真言宗三十日談》、《金剛經密説》。

張惠能博士「易經系列」著作：
《周易點睛》、《易經成功學》、《推背圖國運預測學》。

一事一法一經一尊
張惠能博士　專訪

撰自《溫暖人間　第458期》

張惠能博士，香港大學畢業和任教，修讀電腦科學及專門研究人工智能。少年時熱愛鑽研中西文化、佛法及易理。廿多年來潛心禪觀、念佛及修密，並自2007年開始講經說法。宿緣所追，今復皈依「中國佛教真言宗光明流」徹鴻法師，體得了秘密印心之法，獲授密教大阿闍梨之秘密灌頂，感受到傳承血脈的加持，遂發心廣弘佛法，以救度眾生。

真言密教為唐代佛教主要宗派之一，是正純的密宗，非得文為貴，旨在以心傳心，故特別重視傳承。本自唐武宗之滅佛絕傳於中國，已流佈日本達千餘年，並由當代中國高僧悟光法師於一九七一年東渡日本

求法，得授「傳法大阿闍梨灌頂」，得其傳承血脈，大法始而回歸中國。張惠能説，真正具備傳承大阿闍梨資格的，每個朝代應説不會多於十數人，所以每位傳法人都很重要，「因為一停下來，此久已垂絕之珍秘密法之傳承血脈就會斷，這樣令我有更大的弘法利生之使命感。」

多年前，《溫暖人間》的同事已有幸聽過張惠能博士講經，滔滔法語，辯才無礙，其後博士贈送了他當其時新著的《圓覺禪心》給我們，雜誌社從此又多了一套具份量的經書。今年，因緣成熟，《溫暖人間》終於邀請到張博士為我們主持講座，題目是「佛説成佛」：成佛？會不會太遙遠？

成佛觀：找到心中的寧靜

「這就是很多人的誤解，人人也覺得自己沒可能成佛，沒可能修學好一本佛經。其實每個人也能即身成佛，只要有方法、有工具、有目標。」畢竟佛陀未成佛之前也是普通人。「什麼是佛法？佛法讓人心裡平安，心無畏懼，不會生起妄想，恐懼未來。成佛觀念的力量是很不可思議的。當你不斷想着一件事，業力就會越來越強；所以加強成佛的念頭，想像自己就是佛菩薩的化身、是觀音的化身，想像大家一起做觀音、現前就是『普門諸身』，透過念念想像，人生從此截然不同。」這幾年香港社會人心動盪，情緒難以釋放，成佛觀其實就是根本的善念，如果大家把心安住在這根本善念上，就能找到永恆的寧靜安定。

張惠能博士説，他在講座裡會介紹禪、淨、密的成佛觀，「成佛觀可以修正我們的心，只要你進入這個思想模式，你就可以感受佛陀的慈悲力量，譬如能以阿彌陀佛的四十八大願思維去經驗無量光、無量壽。因為當佛的思想有如阿彌陀佛，佛就進入極樂世界。我們稱之謂淨土宗的成佛觀，就是想你進入阿彌陀佛的無量光、無量壽世界，體驗這種不可説的力量。」

張博士講經已十年多，《六祖壇經》、《金剛經》、《楞伽經》、《阿彌陀經》、《妙法蓮花經》、《大日經》已説得透徹熟練，回想當初，他是怎樣開始弘法之路？

一事一法一經一尊

「我的人生分為四個階段，用八個字歸納：『一事、一法、一經、一尊』。佛法說生命是永遠無限生的，每個人一生都有必然要完成的目標，稱為『唯一大事』或簡稱『一事』。特別對尋道人來說，目標都很清晰，所以認識到『一事』是第一個階段。」張惠能說，童年時候他對真理已經十分嚮往，整天拿着聖經鑽研，常夢想做神父，其他小朋友打架，他會上前講道理勸和。中學特別熱愛Pure Maths和Physics，因為是當時所有學科中「真理性」最高最玄妙的，及後考上香港大學，畢業後博士研究的項目是「人工智能」，因為可以天天研究人類思考、智慧和心靈的問題，也涉獵很多中西方哲學，包括佛法。

「當時我取得了人工智能PhD，很輕易便開始在港大任教，但對於人生目標，亦即這『一事』的追尋，卻很迷茫。雖然我讀過了很多很多有關東西方哲學、存在主義、易經，甚至各種禪門公案的書，但心靈都是得不到平安。」**當張惠能對尋找人生真理充滿絕望，極度迷失的時候，另一扇門就開了。「有天逛書店，突然看見一本叫《歎異鈔》的書，副題是『絕望的呼喚』，這幾個字正中下懷，完全反映自己當時的心境，這本書是我人生轉捩點的契機，讓我進入了人生的第二個階段：真正修行『一法』。」《歎異鈔》為「淨土真宗」重要經典，是日僧唯圓撰錄了親鸞聖人關於「信心念佛」的語錄，張惠能視之為「念佛最高指南」。**

「這書開啟了我的信心念佛人生，一念就十多年，直至信心決定、平生業成。我因為信心念佛而得到絕對安心。所以如果沒有『一法』的真正體驗，你永遠不知其好處。其實佛法修行就好像我們去餐廳吃飯，餐廳有

中西泰日韓等不同種類，也有不同級數，有快餐，也有五星級酒店中最高級的餐廳，不同人有不同喜好，這就像佛法中有八萬四千法門，不同宗派有不同的方法，好比不同的餐廳有不同的料理一樣，但大家都是同一目的：成佛。所以我們不論修任何法，都應該互相尊重，毋須比較，鹹魚青菜，各有所愛。同一道理，不論是什麼宗教流派，大家也都是在尋找真理道上的同路中人，要互相尊重而非批評比較，建立這正確態度是十分重要。」

單說不飽 實修證入

念佛法門是張惠能的「一法」。「修行是很簡單的事，好像心靈肚餓，修完之後就感到滿足舒服，輕安自在。**當你吃飽了，煩惱沒有了，你就感受到幸福，這信心念佛境界已經是往生淨土，一息一佛號已到達光明的極樂世界。對我來說，信心念佛會把悲傷和眼淚吸收，帶給我一份終極安心，**

煩惱都脫落。如果你念佛是越念越煩惱越恐懼未能往生淨土的話，就不是真正的信心念佛。禪宗叫修行為『大安心法門』，安心才可相應佛陀所說的。」

為什麼「一法」那麼重要？張惠能坦言，所有佛經都說方法，「看破放下自在大家也會說，可是說易做難，不要說人生大事，就算平常如有人用行李輾過你的腳，你已經不能放下怒火；的士司機找少了十元給你，你可能半天心不爽快了；你最親密的人說你是垃圾，你立即崩潰。要看破、放下真是很難，所以『一法』好重要。」

「一法」之後，人生第三個階段就是「一經」，敦煌原本《六祖壇經》是張惠能讀通了的第一本經。張惠能說單是這部經，他就看了十年，「我不斷去讀，一百次、一千次、一萬次，讀至每個文字都充滿喜悅，讀得多

了，經文慢慢開花變成你的心法，從《壇經》我認識到自性的道理，幸福安心。很奇怪，之前我一直不大明白的《心經》，可是讀了《壇經》十年後，再拿《心經》來看，竟然通透領悟到什麼是『般若波羅密多』，那份喜悅不可思議。」

張惠能從「一法」中找到安心，從「一經」中認識到自性的道理，跟着有幸皈依了普陀山本德老和尚，有次他問師父：「念佛所為何事？」師父答他：「念佛無所求，念佛為眾生！」他叮一聲就印了心。「老和尚當時鼓勵我出來講經弘法，不久後我亦決定把自己的生命與弘法給合，於是2007新年後開始出道講經，第一本就是講《壇經》。」過了一年香港大學專業進修學院院長李焯芬教授邀請他在學院講經，自此，他編寫的「禪宗三經」、「『生死自在』淨土二經」、和「禪、淨、密三經」證書課程便出現在這座高等學府了。

張惠能的弟弟修真言宗十分精進。在宿緣所追下，張惠能復皈依了中國佛教真言宗光明流徹鴻法師，更通過考證，通教了「即身成佛」義，體得了正純密教秘密印心之法，獲授密教大阿闍梨之秘密灌頂，感受到傳承血脈的加持，遂發心廣弘佛法，以救度眾生，開始了人生第四個階段：「一尊」。「真言宗最重視傳承，當你被選為傳法者，你已不再代表個人，而是代表一個法脈的傳承，我的人生就到了『一尊』階段，『一尊』就是『傳承血脈的加持』，你傳承了一千三百年三國傳燈歷代祖師的心願和力量，代表正純密教一千三百年傳承血脈的興衰，所以你的命已交給了『一尊』，會有很強使命感。」

對佛教初哥的建議

佛法是說當遇上苦與樂時，內心都同樣洋溢大安心、大無畏力量。

一開始找一個值得尊敬的老師，去學習真修實證一個具備法脈傳承的法、去好好從頭到尾讀通一部經，自己從中去體驗什麼是心靈上的飽足？如果只是不斷去跑不同的道場，聽這個又聽那個，老是shopping around不肯去定下來，最終根本不可能會有什麼得着的。所以，建議大家先修一經一法，有了堅定立場後，才好出去切磋參學。

目　錄

第一部續真言宗三十日談

第一日談
「人才念真言，我相即除，此法甚為希有，
亦甚希奇」一事

「人才念真言，我相即除，此法甚為希有，亦甚希奇」，真言宗正純密教精神之核心與本質，是活現出「即身成佛」。

這「身」是「大日如來」法身。悟光上師是以「宇宙大靈」來把祂擬人化／神化。「佛」，則是其體驗、體覺者。

故所謂「即身成佛」，就是揭破宇宙真理之千古名言。天地萬有都是「宇宙大靈」之垂現，行者自己就「宇宙之縮影」，故自能透過真言之修行來驗證此真相，繼而信仰皈依「宇宙大靈」，成為秘密莊嚴「宇宙大靈性海之絕對力」本身。

如此體驗「即身成佛」者，即能做到「神人感召」，顯現「佛凡一致」之妙境。由自己修行本尊儀軌供養，敬神崇佛，並於行住坐臥持名觀尊，這些都無非是心靈改造之鍛鍊，來幫助行者建立安心立命的基礎，故絕不可與一般淺薄常識的迷信來看。

人與人交往，亦有一定之禮儀，乃致今天電子世界之溝通，也有一定之禮儀及方式，若不依循這些既定的禮儀和方式，便很難交談，更遑論感情之交流了。要做到「神（宇宙大靈）人感召」，顯現「佛（法身佛）凡一致」，並向神佛祈願必能圓滿成就者亦如此，故有種種儀軌法式。

這種種儀軌法式，行者只需如法修行，自可得一種神秘的、偉大的效應和靈驗，這事實在不可思議！

透過真言宗本尊法之修證，能覺悟宇宙是「絕對一貫（唯一佛乘）」的真理，它是一種宇宙大靈性海的絕對力。更能自覺自己具有此偉大的靈力，繼而安心立命。這無非是「自」、「祂」並立互融的成果。

就這樣，自己渺小之軀，卻蘊藏著宇宙無限的奧秘。這就是無限宇宙之間無量無邊神秘力量的體驗，是「一多相容」、「主伴俱足」的宇宙秘密莊嚴的個人體驗。妙樂無窮！

修行是如何在一般平凡生活中創造神秘莊嚴、改造命運（我的命就是本尊的命）、乃至「至暗時刻（荼毒鼓因緣），本尊覺醒（生命的覺醒者）」的呢？真言宗提供的答案，是最簡單不過的了。

第二日談
「法身説法」一事

《金剛頂經》與《大日經》是正純密教所依之重要經典、是以究竟成佛為主要目標，融合了大乘佛教思想與秘密佛教儀軌，重視身、口、意之三密相應，諸尊亦由一定的理念而攝入於曼荼羅的組織中。

以《大日經》、《金剛頂經》為代表的正純密教，是以法身毘盧遮那為教主，即是一般所謂的「法身在説法」。所謂「法身在説法」，是一種象徵性，乃象徵釋尊或一位體覺道者在「宇宙秘密開扉之境界」，説教主大日如來「秘密藏之根本」。而正純密教與其他顯教最大的差異亦在於以「法身説法」為其基本。

譬如「《金剛頂經》大本中十八會之第六會」為《般若理趣經》，經中説是「法身毘盧遮那處他化自在天王天宮」説法。這些都只是一

種象徵性，象徵釋尊（應身）在「宇宙秘密開扉之當下（化身）」說法。故法身佛說法，亦同應身佛、化身佛所說。至於「他化自在天王宮」者，是印度傳說中的欲界頂之他化自在天王宮殿，宮殿中諸天人福力，隨欲所須，如應即現。這也只是一種象徵性，菩薩證得第六地之位「現前地」者，能起勝智觀十二因緣，不作染淨二差別行，有此勝智現生起，所以此菩薩證得之第六地又名「現前地」，菩薩住般若波羅蜜多觀，密教便喻作「他化自在天眾王，為天人說般若波羅蜜」，好比蓮花出汙泥而不被染污。

以法身毘盧遮那說《大日經》、《金剛頂經》，代表其教法以「便無限絕對」為其力點。此天地間所有存在的一切事物，彼此相涉關聯而活現於「全一」整體：不捨個自之立場，自己建立世界；同時又各以宇宙一切為背景，一刻一瞬地活現於無限絕對體驗。

人、法，各個都是絕對、無限。弘法大師說：「人法者，法爾也。何曾有其廢，機根絕絕也，正像何分。」言人、言法，其各個都是絕對的、無限的。沒有「機根」上下區別，亦無正、像、末之時分。從而其末法更沒有上根、下根之適與不適。亦無正法、像法有效驗，而末法之今日已無效驗之別。通正、像、末而互上、中、下一切機根，一切時、一切處、一切人，都能適然相應，此乃是真言密教也。

因此「若能信修，不論男、女皆人也，不簡貴、賤悉皆此器也」，又「明暗無他，信修忽證」。可見秘密佛道，是人人可修，並得到「即身成佛」的效果。行者只要依一定形式與法軌，專念去精進修持，悉能成就。這是正純密教優於顯教諸宗之處。

第三日談
「遵循儀軌法式，順序認真修行」一事

禪宗之主張：不執一切形式、教外別傳、遇佛殺佛遇祖殺祖、不立文字等，故有說是無經典亦無儀式。這是對大徹大悟的人的方法，因為恐怕過份拘泥於形式而遠離於實質故。

淨土宗主張「他力主義」，即教人專心念佛，行住坐臥甚至如廁事中，亦須專念信仰。這種一心專信，是值得稱道的。但可惜在淨土之念佛當中，並無深入祈願行儀，故對神秘奧妙之祈願加持法式是不能得到的。

真言宗於秘密加持、效果、修行之順序及法式等等，特別重視。修真言行者所必須具備之心理，是要對「本尊曼荼羅」、「宇宙大靈力」之存在，堅信不移；及對加持、祈願的效驗之可能性之確認。這樣只需遵循儀軌法式，順序認真修行，自然能有所成就，獲得顯著效果，靈驗產生。

何謂「加持」？「加」，是諸佛菩薩之靈力，加於修行者或祈願者之上。「持」，是修行者或祈願者受持諸佛菩薩威德。故知「加持」者，即是神人感應、佛凡一味一體之謂。故「加持」又名「我入入我」。「入我」者，諸佛菩薩之靈力入於吾人之內；「我入」者，吾人如水乳交融地與諸佛菩薩合一。故知「我入入我」者，亦即諸佛菩薩與吾人成為一體不二的境界。

凡夫生命中本具的玄妙之精神力，與宇宙大靈之威力，能夠互相呼應，神人交感，即宇宙大靈與人心之道教的真義。

相形之下，禪宗、淨土宗之於祈願加持法式之孤陋淺見，又何足道成哉！

第四日談
「加持成佛中的五義五世界」一事

「加持成佛」者，「加持之佛」也。弘法大師云：「佛日之影，現於眾生心水，曰『加』。行者之心水，能感佛日，名『持』。」以這加持感應之不可思議境的體驗，作為生活修養之背景，來進入「佛行」之世界，是謂之「加持成佛」。

以個我為基點，廣為社會民眾的一切服務，繼而體驗到生活無非是為真我（宇宙大靈）內容的「一切萬物之充實與莊嚴」去行動。就是這樣去以此身去體覺「真我」實為「宇宙大靈性海的絕對力」，乃時時刻刻活現於永遠，是謂之「加持成佛」。

悟光上師以密教精神來說明「加持成佛」，以內容視之，即「永遠」、「聖愛」、「價值」、「創造」及「一如」的五義五世界；亦即大圓鏡智、平等性智、妙觀察智、成所作智、法界體性智之妙用：

一、「永遠」：在體證「真我」實為「宇宙大靈性海的絕對力」的當下，如實知見現前各個體乃全體一刻一刻地活現於「永遠」，這個常恆三世活現一切的大日如來境地，亦即是「大圓鏡智」。

二、「聖愛」：以「聖愛」的體現者之立場，去教化一切。從萬物一體上看，所有一切物皆有其「全一」的生命貫穿著，是名「平等性智」。無論分成多少種類，都是相互牽引相合的，所以自他之間常具有某種灼熱的感通，這就是「宇宙大靈」「聖愛」的本性。因為這「聖愛」本性之生命力是貫天地而無物不流通的，其間之愛的關係是無法遏止的。若能將自己虛之，開了心扉來接受時，本然的愛之力，就可以隨身所欲流入全身而把握其感受。空了自己融合一切而活現，此處自然就把握了生命力的愛於一身，權化而自然活現於「全一」。此即所謂「無限的聖愛」或「無我之愛」或「同體大悲」。

三、「價值」：以所有一切（宇宙大靈內容的一切萬物）為原材料，去發揮至上之「價值」。這就是看得出一切事物的「妙」價值來，故是「妙觀察智」。要知道，一切物悉住於絕對價值的世界中，故不可有「自己是無用的人或自己是沒有價值的凡夫」的自卑心理，要認同自體乃是「宇宙大靈」的構成內容，是內容中的貴重分子，真我是絕對至上價值的宇宙大靈當體。密教有言：「若起一念，我即是凡夫，即同謗三世佛。」「加持成佛」就是徹底體認自己之至高無上價值，同時也要實現自己所負的使命，人間的價值進而昇華為「聖價值」，這「人間」就是「宇宙大靈」當體的化現，是法身佛之當相；不僅自己本身的個體是「聖的存在」，天地間所有一切，也是「聖當體」之顯現。

四、「創造」：如以上所說，真言行者要努力地去創造「聖價值」，莊嚴一切，供養一切。此等各個之間的成立與「交涉」，就是「聖其物」與「聖其物」間的關係，亦即是佛與佛之交際。因此，對任何事、物都應如對聖佛一般的恭敬，以這恭敬心努力奉事「聖的各個」即名「供養」。這供養，就是聖價值之「創造」，是不拘任何形式與事物，自由不斷地去「創造」莊嚴世界。

五、「一如」：真言行者在「加持成佛」中，是依各個立場時時刻刻地活現了「永遠」，在事事物物上發揮了絕對至上的「價值」，以無限無窮的「聖愛」去攝取一切，隨時隨地日新月異的自由「創造」等四義、四世界。把此四義、四世界成為一個「一如」，即所謂五義、五世界也。

大日如來就是貫天地的宇宙大靈之聖體，故以一切萬物為自己之內容，為生成莊嚴，而呈現一切相遍滿虛空。為說明此義，弘法大師說：「以法界為體，以虛空為佛心。」又說：「身遍剎塵，心等太虛。」貫三世而常恆之大日如來，以所有一切為自己身心之內容，時時刻刻化為永遠地活現著，並對所有物都予以發揮至上的價值。加持成佛的體現者，就是這樣地，在永恆的無限時空中為育成一切、莊嚴一切，不斷地自由創造著。

不管人們知或不知，大日如來是不斷地將「永遠」、「價值」、「聖愛」、「創造」等四世界為一體「一如」而活現，這就是本來全一之道或妙用。要把握此道且體得之，真言行者乃以此個體為基點而將其具體展現，這就是每個人所給予自己的使命或任務。要完成這個使命，就得將永遠、價值、聖愛、創造為一體一如而活現之。

第五日談
「《大樂金剛不空真實三昧耶經》經題大意」一事

「大樂」者，大日金剛薩埵之異名。妙樂之中，此尊之三摩地為特別殊勝，故曰「大樂」。《時處軌》云：「一切樂，不如婆伽梵金剛薩埵樂。謂越三妄，開金剛寶藏，到於佛乘歡喜地，起無緣慈悲，自他平等。」

「金剛」者，即「金剛頂」。自證之大樂，化他之大喜，常住堅固而無沮壞，故曰「金剛」也。由於此法在一切大乘法中最為尊上，好像人的頭頂，故又稱為「金剛頂」。

「不空」者，此曰無間。自證五智三密之大樂，示五智三密去化他，使他喜悅為大喜，無有間斷，故曰無間。無間與不空，其義相同，故以義名之。《大日經疏》云：「不空者，是不唐捐也。謂常受大樂，無有間斷，即是不唐捐，故云其義一也。」

「真實」者，無虛偽之名，非邊邪之稱。性德妙樂，真界法味，何樂不窮？何物不具？見八萬四千煩惱實相，成八萬四千寶聚門。

「三昧耶」者，此云「等持」。不二平等，彼此攝持為義，即得名「入我（加）我入（持）」，亦名本誓約。金剛薩埵自證大樂時，要誓令一切眾生如我得真妙樂也。金剛薩埵，即是我們能覺有情之修行者也。以大悲平等之本誓，驚覺長眠之眾生，令除生恐之垢障。

「經」者，佛法海之名。此經法佛所說，三平等句教法，深廣無際，純一無雜。《金剛頂經開題》云：「經者，貫串義、攝持義。以教之線，貫人天之華，使不亂墮三途。如是之真實語，為經；方便說，為緯。」以種種方便道，宣說一切智智，謂說種種有相瑜伽，巧應未來遇緣入密藏成佛之根。方便，是真實語上所備之作用，故喻「緯」。行者得益，織成法界曼荼羅，莊嚴遍一切處定慧之身。

若眾生遇此教，精勤信修，則速顯得固有無盡莊嚴藏大曼荼羅。於是十方淨穢通同為法界宮，上自諸佛下至六道眾生悉皆為眷屬，是名「法界曼荼羅」。

第六日談
「經題即是曼荼羅五灌頂」一事

經題,即是曼荼羅,亦是正純密教之灌頂論。

「大樂」:中、大日、金剛薩埵、佛部、法界體性智、名灌頂。

「金剛」:東、阿閦、欲金剛、金剛部、大圓鏡智、瓶灌頂。

「不空」:南、寶生、觸金剛、寶部、平等性智、寶冠灌頂。

「真實」:西、阿彌陀、愛金剛、蓮花部、妙觀察智、金剛杵灌頂。

「三昧耶」:北、不空成就、慢金剛、羯摩部、成所作智、鈴灌頂者。

「經」：修多羅（舊譯）、素怛覽（新譯），貫線攝持等義。自宗以「語密」為經，以「心」為緯，織「三業」之絲為海會之錦。

經題即是曼荼羅五灌頂：

一、 瓶灌頂者，即代表東方之阿閦佛：東方瓶灌頂以前，凡夫下劣身見執著已清淨，已受三昧耶戒位也（三昧耶戒亦名菩提心戒）。又瓶者，表童瓶身寶也，即表佛身金剛，故為初。瓶灌頂，身灌之首。瓶灌頂、寶冠灌頂、金剛杵灌頂、鈴灌頂四者，皆屬身灌。瓶灌頂於證果時，能轉第八識為大圓鏡智。

二、 寶冠灌頂者，即代表南方寶生佛：南方寶冠灌頂以前，凡夫下劣、不平等、小我、執著已除盡。寶冠灌頂即是戴寶冠。古時印度之國王就位即先灌頂後寶冠，秘密軌則先寶冠後灌頂，此

時之灌頂乃是護念之義，由三密四智印相應，以至成就究竟三界法王位為果。寶冠灌頂於證果時，能轉第七識為平等性智。

三、 金剛杵灌頂者，即代表西方阿彌陀佛：西方阿彌陀佛金剛杵灌頂以前，凡夫貪圖下劣欲樂俗見已除盡。西方為蓮花部，又為一切如來語金剛（佛語），何不用蓮花代表而用金剛杵呢？西方語金剛者，屬法部，一切佛法從此方出生，金剛杵能代表五大五智，能包括一切法。金剛杵灌頂於證果時，能轉第六識為妙觀察智。

四、 鈴灌頂者，即代表北方不空成就佛：北方不空成就佛鈴灌頂以前，凡夫下劣妄自菲薄無有佛分之疑心除盡。北方為羯摩部，鈴的鳴振象徵無限說法，於修道上能現起我即不不空成就佛佛慢，令自他沈浸法悅。鈴灌頂於證果時，能轉前五識為成所作智。

五、 名灌頂者，即代表中央毘盧遮那佛：
　　中央毘盧遮那佛名灌頂以前，凡夫下
　　劣愚癡不解佛性一切眾生本具之障除
　　盡。此名，即是上師金剛持對以五方
　　佛總體自性之弟子一種授記，異日成
　　佛即用此名，如燃燈佛授記釋迦牟尼。
　　名灌頂於證果時，能轉色蘊入第九識
　　（直稱為佛識，或曰不動識），成法界
　　體證智。

第七日談
「真言宗灌頂」一事

所謂灌頂，是傳統印度國王即位、或立太子時的一種儀式，乃於瓶中注入經過加持之香水，灌注於國王或太子頭頂，以作為王位相續之印證。

真言宗之「結緣、授明、傳法」三種灌頂儀軌，是將此世俗儀式宗教化、聖教化。凡真言門者，必須經過灌頂才有「密教相續」之印信及加持。總的來說，這三種真言宗之灌頂，象徵真言行菩薩，由初地、至等覺究竟、乃至於妙覺成就之時，得諸佛以大悲水灌頂。諸佛之大悲，是「灌」之義；得諸佛之大悲水，自行圓滿證得佛果，是「頂」之義。

入真言秘密灌頂壇者，首要發大願：

一、 要有必定成就「即身成佛」秘密大法的
　　 決心。

二、 要有大心量，要為社會、國家、乃至
　　 全體人類的最大利益而努力。

三、 要為真言密教興隆之大業而誓願自己
　　 得到大成就之後，做化他利他事業。

其次，當知學習真言秘密佛法，必須皈依
具備法脈傳承印信的大德行者之大阿闍梨
（教授師）處，方可得灌頂之效。

真言宗之三種灌頂：

第一、結緣灌頂

結緣灌頂，是一種讓行者「結真言秘密法門之緣」的儀軌法式，代表行者已種下「即身成佛」之因，這可對比世間之國王立太子時的儀式。

接受灌頂，須有莊嚴灌頂壇，包括各種法器，九大祖師法相，以及金剛界、胎藏界曼陀羅掛畫（代表「始自大日如來」之諸佛菩薩以至惡鬼畜生的世界）。接受灌頂者，只要依儀軌法式次序，在大阿闍梨之指導下，尊崇皈依之，如斯頂禮供養代表諸佛菩薩之秘密曼陀羅，自會將自己心中本有的密法宿善，一時開發。三世一切諸佛菩薩之大悲水均加持護念之，使行者今生得證「即身成佛」之果。因此，結緣灌頂，雖看似僅僅是作為一種「結秘密法門之緣」的儀軌法式，實在是至為重要。

第二、授明灌頂

授明灌頂，又名學法灌頂，即可以開始學習「一尊法」的意思。受灌頂者，在阿闍梨指導下順利經過「四度加行」各儀軌法式修行，然後可以入壇接受此灌頂。過程中會用布遮上雙目，金剛合掌在中指夾一花，向大悲胎藏界、金剛界曼荼羅投花。如花投在大日如來身上，即表示與大日如來有緣，大日如來的其三生修證之本尊；如投到不動明王，即以不動明王為本尊。其他如觀音、彌陀、文殊等諸尊，都如此類推，是名投花證佛。

前者之結緣灌頂，即是成為一般真言密教信徒。經過受明灌頂者，是有志願將來成為真言弘法行者、或教授阿闍梨者。好像入大學成某一專科學生一樣，在受明同時授與「秘密真言法要彙聚」與一尊法儀軌法式，由此學習以至成就。

第三、傳法灌頂

傳法灌頂，又名傳教灌頂、授職灌頂。這好似是一種終極畢業式，為修行圓滿成就之位。受此灌頂，即成大阿闍梨，可給人家灌頂傳法。這是很慎重的一種灌頂，須依才德俱佳之大阿闍梨，將金胎兩部密法之教相、及諸尊大法並其各種護摩儀軌、念誦法等悉傳授無遺。在此種傳法灌頂的中心，有所謂秘密灌頂部，又名智慧灌頂，即秘密三昧耶以心傳心者，以持續法脈傳承大阿闍梨正法位。學習一尊法已至成就之真言行者在得此大阿闍梨之前，有秘密辯論會，要先通達秘密佛教真言宗之教相及事相，然後其師才傳之心法，令其悉地已及等覺之佛位，故萬事得自在，可以開新教新說。此三昧耶是以心灌頂，不具種種作法，祇是以師之心授與弟子之心者而已。故《大日經》說此為「以心為灌頂者」。悟光上師於《新編正法眼藏》，亦說：「密教大阿闍梨灌頂，是無言亦無儀式，師舉一手印，徒依之結手印，來互傳秘密消息，亦即印心之法。」

第八日談
「金胎二部」一事

金胎二部，是體與用、亦即是理與智之關係。胎藏是「理之體」，金剛是「智之作用」，兩者既有著不同之處，但又是二而不二。如何把這個道理說清楚？

真言密教之宇宙觀與原理，是由大日如來以至其他眷屬組成，並透過真言密法來具體驗證。當中可分為金剛界與胎藏界兩部，稱為金剛界曼荼羅與胎藏界曼荼羅，或金剛界大日與胎藏界大日。名字雖不同，其實金胎兩部並不兩樣，不過是用兩個面向來說清楚一件事。

「胎藏界」之根本大經為《大日經》，又稱作《大毘盧遮那成佛神變加持經》。胎藏界修法，重點不離肯定存在整體是光明法身（大毘盧遮那成佛）和修證力量開發光明人生（神變加持、即身成佛）。故所謂修儀軌，無非

是在建立三力相應（自己功德力、如來加持力、及以法界力），從而證得世界一切事物是「全一」整體，其「中心」本源則是一光明原動力，就是「大毘盧遮那成佛」，又名「理體」（故也可說胎藏界是建立「中心化」）。「胎藏界曼荼羅」，象徵著眾生被大日如來的大悲心光注照，接受溫暖的法流之意。「胎藏」的意思是藏在母胎裡，也代表著眾生共同庫藏於「大毘盧遮那成佛」這「理體」中。所以，修行是先肯定此眾生的唯一理體，自此直接出發至成就，是胎藏界大日之直接守護、直接作用，這是從中因（大日如來的大悲心，又名菩提心）起修，即身成佛。

「金剛界」之根本大經為《金剛頂經》，藉金剛界曼荼羅之九會，以說明各會中的中心主尊成佛之因緣方式，亦即闡明各真言行者可以有各自本尊獨特之作用（故也可說金剛界是「去中心化」，故建立各自的智的作用），以令「五大」變為「五智五佛」的真實狀態。「金剛界」所代表之「智的作用」，是

各冷暖自知的，從《金剛頂分別聖位經》中所說，就可以明白如來秘奧之體驗世界，唯有各各以體悟達到自證自覺之悟的境地。這所謂「自證」、「自內證」、「自覺」等名詞，梵語是「波羅底耶怛蜜(pratyātma)」，意譯為「徹悟自己的心魂」。又《金剛頂經》共有十八會，其初會中的三十七尊各個放光明示現十方化佛（平等放光，是去中心化之象徵），垂現種種行化後，故聚成一體一佛（全一法身），故一佛（一）即一切佛（全），一切佛（全）即佛（一），十方諸佛（去中心化）不外是大日如來（中心）之化現而已。

故歷史上之釋尊，亦是此法身如來之一變化身而已，從而大日如來是其中心，是法身為本也。

依此把所有一切物視為大日如來之化現（胎藏界），以奉事、供養的心，去處理一切，此處才能現出佛世界的協同一如之社會（金剛界）。「必不心前立凡境（胎藏界），自身為本尊想（金剛界）」，此真言宗正純密教之深妙觀門也。

第九日談
「《大日經》以六大來象徵大日母胎」一事

「金胎二部」者，是用以闡明「宇宙原理的當體（理體）」與「智的各各獨特作用（一切智智）」之「二而不二」的道理。

這裡先說「胎藏界」理體。胎藏，乃梵語「蘗喇婆 Garbha」之音譯，是一切生命之根原、母胎之意。胎藏界，是象徵宇宙萬有一切佛凡，就如佛的種子在大日母胎中，將托生孕育成佛，藉以指出成佛之「中因」。

《大日經》以「六大」來象徵表現「大日母胎」這個宇宙原理的當體（理體），以開示宇宙萬有原理：「萬有之體性真際不外乎六大，而此六大即具足了種種的德性業用。」

顯教認為，「地水火風空識」六大，當中之「地水火風空」五大是指物質元素，「識」大指精神之基本。這是一種二分法，甚至導

致有些宗以「即心即佛」的只心成佛的説法，
這是因困於心物二分之故。

正純密教之奧理與修行，主張有物必有心，
有心必有物；離物覓心不可得，離心覓物
不可得，物心互抱為一，不二而舉二名，舉
二而實一。故六大在正純密教中已具有「心
物不二」之象徵性，而修行必須是心身並
用，心之成佛同時也是身之成佛。故《大日
經》言五大、識大，是物（色）與心是不異，
其本性完全同一也。弘法大師又説：「四大
等不離心大，心與色言異，其性同也。」

《即身成佛義》中「六大無礙常瑜伽」，「六大
無礙」即「心身並用而成體性」之義，為如來
內證之境地；「常瑜伽」即是「顯露吾身（物）
俱備之佛智（心）」而已。因「智的各各獨特
作用（一切智智）」人人不同，故也可以把「六
大無礙常瑜伽」説成「表現一切智智之三昧
耶」。

《大日經》云：「世尊！譬如虛『空』界離一切分別、無分別、無無分別，如斯一切智智亦離一切分別、無分別、無無分別。世尊！譬如大『地』為一切眾生所依，如斯一切智智亦為天、人、阿修羅之所依。世尊！譬如『火』界燒一切之薪無厭足，如斯一切智智亦燒一切無智之薪無所厭足。世尊！譬如『風』界除一切之塵，如斯一切智智亦除去一切諸煩惱之塵。世尊！假喻『水』界一切眾生依此生歡樂，如斯一切智智亦為諸天，世人利樂。」

以上所示譬喻之五大：以地大為一切萬物所依；水是清涼而去熱惱，賜予一切之歡樂；火燒一切之薪；風除一切塵；空離一切分別，無染無著等等；在正純密教中無非藉以用來說明「一切智智之三昧耶」，都在象徵一切智智之體驗境地。

所以説，在正純密教中，六大就是「理體」，亦是「具足了種種的德性業用」，以説明覺知萬有之真相，其中自然亦含蘊有六大之意義，即是説「萬有之體性真際，不外乎六大，而此六大即具足了種種的德性業用」。

若要探討《即身成佛義》中「六大無礙常瑜伽」之根本淵源，則是在《大日經》。《大日經》卷二云：「我覺本不生，出過語言道，諸過得解脫，遠離於因緣，知空等虛空。」而於經中，又配以六大種子真言，以表徵其幽微之意義，其言為：「阿、毘、囉、訶、欠、吽」。

「本不生」即是「阿」字，配以地大；「出過語言道」，是離言説，為「毘」字，配以水大；「諸過得解脫」，即清淨無垢塵之意，是「囉」字，當於火大；「遠離於因緣」，即是因業不可得，為「訶」字，當配風大；「知空等虛空」，即是「欠」字，為空大；而最初「我覺」二字，即為「吽」字，當配識大。弘法大師

説：「我覺者，識大也。因位，名識；果位，名智。智，即覺也」。這「我覺」之境地，即「一切智智」、同時此境地即《金剛頂經》所謂「普賢、金剛薩埵之菩提心之當位也」，故即以金剛薩埵之種子字「吽」字，為識大之種子字。

「瑜伽」，即是相應之意。六大（五大與識大）恆是無礙而常應的，故「常瑜伽」三字是足以表現「色心不二」的核心力用。僅此三字，其重量實有千鈞之力，並藉以顯示六大甚深的密意。而「六大無礙常瑜伽」七字，亦的確是一語揭破世界萬有之本體與其成立之原則，以及其互依關係的綿延力用而無遺。

第十日談
「胎藏界之三部法與金剛界之五部法」一事

顯教有「不斷煩惱不能成佛」之認定凡夫不能此身成佛的「不成佛」知見。

正純密教，則肯定「不斷煩惱可以三密相應」之眾生心中本有「與佛同覺」之能力的「即身成佛」見地，並建立「胎藏界三部」與「金剛界五部」的秘密修法以體證之。

「胎藏界三部」是以本有大日如來之「理體」為根本，並以能開發其「智用」為目的。胎藏界三部即：

一、 佛部：指眾生心本有與佛同覺之能力；佛部即表示要開發此本能，此亦為修法之目的。

二、 蓮花部：是表清淨、莊嚴、能藏三義，
就如蓮花出淤泥而不染，眾生本有清
淨德性；蓮花部象徵以此為楷模而努
力修行並體證之。

三、 金剛部：表示如來實相堅固不壞；金
剛部即要開發相應之堅固不壞如來實
相智。

「胎藏界三部」，以佛部為息災之法；蓮花
部是觀音為增益法；金剛部為調伏法。

「金剛界五部」，則以「已成就的各各本尊」
之功用為對象，指導行者各擇能夠相應之
法來各自成道。金剛界五部，各部有各部
修法的功用，故成五部法。金剛界五部即：

一、 佛部，為一切圓滿解脫之德，是「中因」
大日如來之週遍法界的偉大作用之總
稱。《秘藏記》云：「斯理斯智，凡位
未顯，理智具足，覺道圓滿，名曰佛
部。」這是成道之源底及根本立場。

二、 金剛部，即堅固之德，表東方阿閦如
　　 來之不動不壞之妙用。

三、 寶部，是福聚之德，表南方寶生如來
　　 之不二平等妙用。為增益修法之對象。

四、 蓮花部，是清淨之德，表西方無量壽
　　 如來之說法斷疑生信，顯現本淨無垢
　　 之菩提心之妙用。

五、 羯磨部，是佛為眾生，表佛垂憐愍，
　　 給予眾生一切成辦事業之謂。

「金剛界五部」之修法，即是五佛之內證。
真言行者依各自目的之不同，而選其適當
之主尊去修法。

因為五部與三部，是一切真言宗修法之源
泉，故必須體其理，然後開始一切威儀作法。

第十一日談
「不空羂索毘盧遮那佛大灌頂光明真言」
一事

「光明真言」，是佛教中普傳的「六字大明咒」之本源與母體。

光明真言，全名「不空羂索毘盧遮那佛大灌頂光明真言」。此咒是大日如來根本真言，乃出自《不空羂索神變真言經》第廿八卷。

《不空羂索神變真言經 • 灌頂真言成就品》云：

是觀世音菩薩摩訶薩，說此真言供養佛已，念釋迦牟尼如來，惟垂加授《清淨蓮華明王灌頂三昧耶》。演斯真言時，清淨蓮華明王曲躬合掌恭敬重復，瞻仰如來目不暫捨。

爾時，釋迦牟尼如來即伸右手摩清淨蓮華明王頂，時十方三千大千諸佛世界大地山林六變震動，大海江河一時湧沸，量虛空中所有十方一切剎土，過現未來一切如來，毘盧遮那如來應正等覺，一時皆現，同聲讚釋迦牟尼如來曰：「善哉善哉！如是灌頂甚為希有，我等十方一切剎土三世一切如來，毘盧遮那如來，亦同授與清淨蓮華明王灌頂三昧耶。」

爾時十方一切剎土，三世一切如來毘盧遮那如來，一時皆伸右無畏手，摩清淨蓮華明王頂，同説此不空大灌頂光真言：

「嗡啊摩嘎懷魯佳拿嘛哈母德喇嘛尼叭德嘛及乏拉缽喇乏爾打牙吽」

修持「不空罥索毘盧遮那佛大灌頂光明真言」儀軌者，能得大日如來之「不空真實」大印，產生「寶珠、蓮華、光明」等功德，以大威神力照破無明煩惱，轉地獄之苦而一念令生於淨土。而日常受持光明真言者，亦可以滅生死重罪，除宿業病障，而獲得智慧辯才、長壽福樂。

「光明真言」釋義：
一、簡易羅馬拼音：Om amoga vairocana

漢字音譯：唵阿謨伽尾盧左曩

唵(om)是咒語常用的起始句。印度傳統文化視「唵」為「宇宙中所出現的第一個音」，故正純密教真言宗用它來象徵「時窮三際、光被十方」的「宇宙實相、如來當體」義。

阿謨伽(amogha)是「不空」，是「三昧」義，所謂「大悲胎藏三昧」也。

尾盧左曩(vairocana)是「大日如來」二、「光明遍照」、「遍照金剛」、「毘盧遮那佛」，象徵真言行者本有自性之「大日心光德」。

二、簡易羅馬拼音：**maha-mudra mani-padma jvala**

漢字音譯：**摩賀母捺羅摩尼鉢納摩入縛羅**

摩賀(maha)是「大」、「一切圓滿」、「輪圓具足」之義。

母捺羅(mudra)是「手印」，又名「印契」、「密印」、「契印」。「大手印」者，如來當體也。

摩尼(mani)是「摩尼寶珠」，象徵大日如來之體性。

鉢納摩(padma)是蓮花，出汙泥而不染，象徵「凡夫本具清淨體性」；兩字合起來意思是「蓮花上的摩尼寶珠」，象徵「凡夫本具清淨體性」即「大日如來之體性」、「大日如來之體性」即「凡夫本具清淨體性」。（顯教及左道藏密之六字大明咒中的「嘛呢(mani)叭咪(padme)」就是取用了此二字。）

入縛羅(jvala)是「光明」、「火焰」，象徵大日如來住法界定印身放五智光明遍照眾生；上從有頂下至無間，遇此光明者皆離苦得樂，四智四行之無量佛菩薩聖眾前後圍繞。

三、簡易羅馬拼音：pravartaya hum

漢字音譯：鉢羅嚩多野吽

鉢羅嚩多野(pravartaya)具有多義，是「轉」、「進行」、「開始」等意思。

吽(hum)是咒常見的結尾語，具有「祈願成就」的意思，表「金剛部」心。

第十二日談
「《大日經》之如實知自心」一事

正純密教，「胎藏界」之根本經典是《大毘盧遮那成佛神變加持經》，簡稱為《大日經》。

這本經，在闡明正純密教真言宗的真精神以及修行特徵。而《大毘盧遮那成佛神變加持經》之經題，其實已經貫徹密教之始終，即：

一、「大毘盧遮那」：由其母體；

二、「成佛」：以至原動力；

三、「神變加持」：到心魂。

若問正純密教之真精神（菩提）為何？《大日經》曰：「云何菩提？如實知自心。」此真精神是什麼？《大日經》說，謂「如實知自心」。

「如實知自心」者，絕對不是分析知解自心現象之「概念心」，而是：

一、 掌握到本心（為「神變加持」心魂）；

二、 覺知自心源底（為「大毘盧遮那」母體）；

三、 把握了內外貫一切之流動生成之力（為「成佛」原動力）。

「大毘盧遮那成佛」這母體本具之原動力是絕對的，是「活現法界一切物」之力，又名「法界力」。此「法界力」，必同時包含「生自己之功德力」，以及「如來所加持的力」。「自己功德力」、「如來加持力」，以及具足其源泉的「法界力」，乃共活現於真實，這是密乘真諦、是真言密教修證之特質。

所謂「如實知自心」者，即如實知見真我並體驗之。《大日經》云：「若分段、或顯色、或形式、或境界，若受、若受想行識、若我、若我所、若能執、若所執、若清淨、若處若界、乃至一切之分段中求之不可得。」弘法大師將此段中所潛藏之義趣，予以積極地開示，即所謂「究竟覺知自心之源底，如實證悟自身之數量者也。」

一般人，是把此肉體為中心之物質我或假我（一），誤認為真我。然而，真我卻是以宇宙一切萬物（全）之「大毘盧遮那」母體為「背景」；以此肉體為中心之物質我或假我（一）為「前景」；在交涉關聯（即「神變加持」，又名「神力所持」，是在修行本尊法時「全我我入」之體驗）中「全一地活現」者。

由此可知，真我唯有通過宇宙一切萬物（全）及各個之個體（一）之交涉關聯（神變加持），才能活現。若離開物質我或離開周圍之環境而孤立者，即真我一刻都無法活現。因為宇宙的實相既有「全體（全）」，亦有「部份（一）」。

再者，此「全一」之真我，其「當下」之一瞬，乃：

一、宿集過去一切時；

二、孕育未來之一切時；

三、一瞬一瞬地向無限永遠地活現。

若問「神變加持」心魂為何？此乃在修行本尊法「全我我入」中所體驗到的「貫連宇宙一切之心為一體」者。於其中，真我之身不止於單獨之人體，即大地之山、河、草、木，天地間存在之所有一切形象，無一不是真我之身軀；真我之身心內容，乃網羅宇宙一切事物。其每一事、一物，無不活現於無限、絕對；同時以其各個獨自立場表現各異的特質，爭顯其能來充實莊嚴真我之內容。時時刻刻無限、絕對地活現真我之實相，這即是正純密教所說的「秘密莊嚴」。這真我實相「秘密莊嚴」的「如實體驗」，即是「神變加持」之心魂，亦是真言密教之真精神、菩提、真悟。

此如實體驗「秘密莊嚴」之心魂，是不斷地活生生而成長進展（如實而動）。如「始初之真我知見」雖粗淺幼稚，但漸次發明而終能「如實知見」，得到「秘密莊嚴之真我」全貌。這由淺入深的「真我之知見」至「體認密教之真悟」，若分開來說明，即《大日經》中所說之「十住心」；而當中一貫之旨，即「如實知自心」。弘法大師為明示此「如實知自心」與「十住心」的關係說：「此『如實知自心』一句，義含無量，豎顯十重層次之淺深，橫示塵數之廣多。」對於此心魂之不斷地活生生而成長進展，即是「淨菩提之續生」，此乃是真言宗正純密教之修證特質，故《大日經》云：「心續生之相，是諸佛的大秘密也，外道所不能識。」

第十三日談
「降三世忿怒明王」一事

《降三世忿怒明王念誦儀軌》

特進試鴻臚鄉大興善寺三藏沙門大廣智不空奉詔譯

爾時諸佛菩薩及諸賢聖出現世間,利樂饒益一切有情,時為非正法之時,國土損壞,眾生多為諸魔惱亂。爾時普賢菩薩以甚深大弘誓願故,示現降三世忿怒明王形而白佛言:「我有降伏諸魔真言,於世間甚為希有,唯願如來許我宣說,我當守護諸佛教法,饒益一切有情。」爾時佛即告言:「善哉!善哉!忿怒王,許汝說此降伏真言。」爾時忿怒王即示現四面八臂極惡大忿怒形而說真言曰:

「唵蘇婆儞蘇婆吽蘗哩訶拏蘗哩訶拏吽
蘗哩訶拏波耶吽阿那野斛婆誐梵嚩日羅吽
怕吒」

(Om, Sumbha nisumbha hum, grihna
grihna hum, grihnapaya hum, anaya ho,
bhagavam vajra hum-phat)

爾時降三世忿怒明王說此真言時，三千大
千世界六種震動，所有天魔鬼界，於眾生
生損害者皆悉恐怖，不得安樂，各走集白
忿怒尊言：「唯願愍念我等，令無恐懼。」爾
時忿怒尊右足踏大自在天魔，左足踏魔婦
人，於國土有情，皆令得安穩。若誦此真言
一遍，無量無邊魔界即得苦惱熱病，於行
者生障礙者更無得便，成為行者僕從，不
敢妨難；行者亦須護三業，內外清淨。此真
言可作辟除、結界、印身五處而作護身，復
不須作諸契印，威驗皆在此真言，亦無有
別咒。

[降三世明王解說]

此尊亦為五大明王之一，位於東方，即東方阿閦佛之忿怒身。其梵名為恒隸路迦縛日囉(Trailokya-Vajra)，譯作降三世，或勝三世明王，又異名為蘇波，孫婆等。

五大明王之一，四面八臂之忿怒身，踐大自在天之夫妻，在五方中為東方。貪瞋癡謂之三世，降伏之，故云降三世。又降伏過現未三世之貪瞋癡，故云降三世。又降伏三界之主，故云降三世。《大日經疏》云：「所謂三世，世名貪瞋癡，降此三毒，名降三世。又由如過去貪故，今受此貪報之身，復生貪業受未來報，三毒皆爾，名為降三世也。復次，三世者，為三界。（中略）以能降伏三世界主故，名降三世明王也。」此明王以金剛薩埵為自性，薩埵之忿怒身也。《理趣釋降三世品》曰：「時金剛手大菩薩，欲重顯明此義故，持降三世印，以蓮華面微笑而怒，顰眉猛視，利牙出現，住降伏立

相，說此金剛吽迦羅心。」《降三世成就極深密門》曰：「歸命聖主宰，普賢金剛手，為降伏一切，現吽迦囉身，摧三世有毒。」《仁王經儀軌》曰：「此金剛手即普賢菩薩也，（中略）依教令輪現成威怒降三世金剛。」在漢譯中，又作勝三世、金剛摧破、忿怒持明王等。

降三世明王，眾生依三毒而感三世，三毒之本體是根本無明，根本無明即摩醯首羅天，摩醯首羅表噉食此心故，降三世乃能降伏眾生的三世三界的三毒煩惱之義，是東方金剛部的教令輪身，誦持本尊印明，能除滅無始業障熱惱，諸魔不能作障，反需隨順教敕，有除病、得敬愛、得勝仗之功德。

[降三世明王五重結護法解説]

降三世明王為阿閦如來之教令輪身，為大圓鏡智所現，能勾召眾生之無明住地煩惱而摧碎之。此明王多被作為結界明王，而以此明王為本尊的修持法中，便有一法名為「五重結護」。此「五重結護法」本出弘法大師御作金剛界次第，而所謂「五重結護」，即表此法有五層次第：

一、作印

二、成身

三、自護身

四、辟除

五、結護

行住坐臥，以本尊秘印（常結密印），配合
秘明（誦明觀尊），即是修真言最勝趣也。
依次而行，即能起護身與結界之效。而法
之成就，則非僅此也。

[降三世明王真言羅馬拼音及釋義]

唵蘇婆儞蘇婆吽
蘖哩訶拏蘖哩訶拏吽
蘖哩訶拏波耶吽
阿那野斛婆誐梵嚩日羅吽怕吒

Om, Sumbha nisumbha hum,
grihna grihna hum,
grihnapaya hum,
anaya ho, bhagavam vajra hum-phat.

歸命降三世降三世破
捕捉捕捉破
捕捉行去破
捉來呼世尊金剛破

第十四日談
「胎藏界之內眷屬是自心內涵」一事

《大日經》之〈別序〉，以「十九執金剛（胎藏界之內眷屬）」來象徵真言行者住「如實知自心」中的「十九種金剛心智」。換言之，所謂「十九種金剛心智」，即真言行者「如實知自心」之內涵。此心決非自他對待觀念上的「自我自心」；而是超越了自他對立，活現「一如」之「全體心、超越心」。此心是能以「所有一切（輪圓具足）」為自心之內容而活現的。唯有達觀所有一切物皆為「真我」之內容而安住於其中，方為「如實知自心」。

「十九執金剛（胎藏界之內眷屬）」所象徵的「十九種金剛心智」如下：

一、　　虛空無垢執金剛：體得實相之日，圓明常住，湛然如虛空。

二、　　虛空游步執金剛：體得不被對立觀
　　　　念所囚之「全一」的完全活現。

三、　　虛空生執金剛：體得一切萬物為自
　　　　己之內容，為「生成莊嚴」而呈現一
　　　　切相，遍滿虛空。

四、　　披雜色衣執金剛：體得加持祈禱之
　　　　五種法，並以「五色」的精神以貫通
　　　　之。青色為活動之色，為延命修法；
　　　　黃色為初日之色，為增益修法；紅
　　　　色為愛染大悲之色，為懷愛修法；
　　　　白色是自性清淨之色，為息災修法；
　　　　黑色為玄秘之色，為降伏修法。

五、　　善行步執金剛：體得五色配五種修
　　　　法之經軌，而此五種修法均通金胎
　　　　二界之五部三部。

六、　住一切法平等執金剛：體得「諸法
　　　無相，是平等相」。自身與本尊各別
　　　觀，名為有相；自身與本尊一體觀，
　　　名為無相；故無相是平等義也。

七、　哀愍無量眾生界執金剛：體得人溺
　　　己溺，悲愍而敕救之。

八、　那羅延力執金剛：體得大悲心具堅
　　　固之勢，如帝釋力士堅固之勢力。

九、　大那羅延力執金剛：體得如來不共
　　　之大力。

十、　妙執金剛：體得法身佛妙用，是曼
　　　荼羅世界之事事物物展開的「全一」
　　　法身妙用。

十一、勝迅執金剛：體得最勝、奮迅。與
　　　顯教相比，即身成佛是密教之殊勝。

十二、 無垢執金剛：體得淨菩提心，是不斷煩惱之垢可以入涅槃。即真言行者自性本有與佛同覺之能力，故以開發此本能為修法之目的。

十三、 刃迅執金剛：體得忿中之忿，利中之利。持此金剛利智，一切難斷悉斷。

十四、 如來甲執金剛：體得為出大悲門被如來大誓甲，利益一切眾生，威光赫赫，諸魔障不能得便，惡人見之即起慈悲心。

十五、 如來句生執金剛：體得一一真言字句，反覆念誦，生起種種滿願成就。

十六、 住無戲論執金剛：體得超越種種基於對立觀念之戲論。

十七、 如來十力生執金剛：體得佛之功德為遍滿虛空，行者能以三密加持法而收如來加持，即能發揚十力；行者之功德力亦是十力；法界力亦如是。

十八、 無垢眼執金剛：體得純一無雜的心之本性，能開啟佛眼，即所謂「虛空眼」、「無垢眼」、「金剛吉祥眼」，故能通一切法而修之。

十九、 金剛手秘密主：既體得如上十八種金剛心智，故能活現法身佛秘密莊嚴之活動，成為奉獻法身佛的秘密莊嚴聖業者。

於以上「十九種金剛心智」，能「如實而於動中」生起自覺觀察，即是「淨菩提心之續生」，此乃是真言宗正純密教之修證特質。故《大日經》又云：「心續生之相，是諸佛的大秘密也，外道所不能識。」

第十五日談
「三昧耶戒」一事

唐朝翻譯《大日經》及傳授「胎藏界」修法來中國的善無畏三藏説:「佛説之比丘二百五十具足戒,或婬、盜、殺、妄之四波羅夷罪,是為度一類小根性人説的,決非究竟。」又説:「大菩提心為導首者,一切無犯。」此「大菩提心」者,即《大日經》所開示的「如實知自心」,説明正純密教精神若能把握了,即便沒有犯戒或違反道德的生活行為了。

因正純密教以精神為主,故可以不拘泥於小乘的煩瑣形式。於正純密教精神來説,真正的罪就是違背了密教之根本信條,即所謂「不捨去正法、不離菩提心、不慳吝正法、不違本尊行」之四條目,即是密教之「四重禁戒」也。

真言密教行者要發露正純密教精神者，要
以「三昧耶戒」（又稱「菩提心戒」）為主才成，
其戒之內容即是「如實知自心」，依弘法大
師所看，即是：

一、　　於內面覺知自心之源底（大毘盧遮
　　　　那成佛／自性本尊）、把握貫天地
　　　　之原動力。

二、　　於外面即以所有一切物為真我（本
　　　　尊法身）內容身量而體認證悟之。

三、　　如是內外一體、身心一如的活現本
　　　　尊三密相應，即是弘法大師所謂之
　　　　「如實知自心」。

把握了此密教精神之要旨，能把一切所有
化為自己（本尊）之內容，使一切活現密教
精神（萬物無一不具絕對價值），並伸展為
教化眾生的行動。這就是正純密教之戒，
是謂「菩提心戒」，又名「三昧耶戒」。

正純密教真言行者要發露密教精神與生活者，必須以三昧耶戒為主才成。善無畏三藏説：「具足密教精神之慧，同時活用方便（本尊三密加持），故一切之煩惱亦不能礙得、立即可能成佛。」為此，首先非從以「肉體我」為基本的小我見地中脱離不可，從「小我」之脱落上來説，即是捨身行。於此《金光明經》説：「雪山童子為聞一句法門投身餵虎。」《法華經》説：「一切眾生喜見菩薩，為完成誠實之願燒身供佛。」這是「去小我、成大我」之象徵故事，雖言捨身卻不是徒毀身體的意思，而是所謂捨身「真精神」者，即成為奉獻活現「全一」真我之「從事聖業者」。

以密教特有之儀式來説，象徵密教精神當體具體化之「三昧耶戒灌頂儀式」，均依《陀羅尼集經》及《金剛頂略出經》等所言詳細之壇內儀式，連灌頂之大阿闍梨前後左右十大弟子，或受者、奏樂師等隨伴下行，進堂前之庭儀作法等，也都整備得莊嚴隆重。

在舉行「三昧耶戒灌頂」時，阿闍梨將五股金剛杵加持受法者，說「三昧耶戒」文曰：

汝等一心諦聽！菩提心者，從大悲起，為成佛之正因，智慧之根本，能破無明之業報，能摧破魔怨。汝既能發大菩提心，應以心口相應，發大誓願。隨我語說：

「我某某為欲救度眾生故，發起無上大菩提心，於三十七助道法則門、乃至六波羅蜜等法，具足無間修行。我所積集善根功德，悉皆迴施一切眾生，皆得證悟甚深法門，心淨廣大猶如虛空，以無功用自在解脫，能辦了無量佛事，平等大悲之種種方便，調伏利樂一切眾生，皆令得入無餘涅槃，於十力四無所畏、十八不共一切佛法，願我眾生悉皆同得。

「眾生無邊誓願度;福智無邊誓願集;法門無邊誓願覺;如來無邊誓願事;無上菩提誓願證。」

今所發之心,復常遠離我法二「執」相。願明本覺真如平正智之現前,得善巧智,具足圓滿普賢之心,唯願十方一切諸佛諸大菩薩,證知我等,至心頂禮。

發菩提心真言:唵冒地質多母怛跛娜夜弭 (Om Bo-dhi-citta mu-tpa-da-ya-mi)」

此三昧耶戒,乃一切如來之本願也,此即諸佛之本性也。大日如來授與金剛薩埵,金剛薩埵授與龍猛菩薩,龍猛菩薩授與龍智,如斯相承不絕,汝堅護三昧耶戒,正常受持可也。

第十六日談
「《大日經疏》之三昧耶戒三重義」一事

正純密教之秘密體驗,為三昧耶。三昧耶之內容為正純密教之根本理念,為平等義、本誓義、除障義、驚覺義等。

三昧耶戒者,乃真言行者把握了正純密教之秘密體驗與根本理念,自然會所流出之戒法。「三昧耶戒」不言「諸惡莫作,眾善奉行」等,而亦自然斷惡修善、為濟生利民而為。故《當處守護經》才說:「阿闍梨為入壇者先授與三昧耶戒,以此為先導,然後灌頂之。」

《大日經疏》把「三昧耶戒」分為三重來說明其內容:

一、「三昧耶戒」之第一重

第一重「三昧耶戒」,是「法界胎藏三昧」,又名為「入佛三昧耶」。

因為所有一切物不論知與不知,皆為法身佛之赤子,所以若能真正體驗到所有一切無非包容在宇宙法界貫串的法身佛胎內,即所謂「法界胎藏三昧耶」。

若能住此體驗,一切眾生當體不外是法身佛,其身、語、意之三業,與法身同等的神聖莊嚴活動就生起了,此乃三昧耶之體驗之「平等(佛生平等)」的一面。

又住此體驗時,能體得「一切、眾生、悉是、佛性」,故當體即佛。又一切眾生自本是佛而為一念無明所弊而不知覺故,所有一切方便(本尊修法),悉成為攝化眾生的「本誓」,此即會變成「斷除障礙」之活動,又能為沈淪於其無明之睡眼的一切眾生之「驚覺」妙用。

二、「三昧耶戒」之第二重

第二重「三昧耶戒」，名為「法界生」。

「法界生」者，即體證並覺知自己唯是宇宙法界之生命體（菩提）的相續生相，是謂之「法界胎藏生命理體而自更生者」也。

人若住此秘密體驗，能開了「新心眼」、「新視野」、「新聞境」、「新感度」、「新思想」，以之更生了這個世界，所謂「開無上之金剛眼」及「生於佛家」是也。因為在溺於個我為本之迷妄下，彼此互相殘害，現出修羅相，如此非生於惡趣世界不可。但是，一旦自覺自己唯是菩提的相續生相，自會將他人、自己成為真正法界胎藏生命理體的內容，令其活現於「全一」的體驗境界，即是展開佛的世界，更生於佛之家庭者也。一切所有眾生都得知平等地更生於佛家。成此「更生於佛家之所有一切」，令其受教養而免於夭折的本誓，為生於佛家者除一切障難，覺醒一切本來具有金剛薩埵者。

三、「三昧耶戒」之第三重

第三重「三昧耶戒」，名為「金剛薩埵」，或云「轉法輪」。

以法界之自性的生命體（菩提）的相續生相而自更生的同時，自覺體驗自生於永遠的金剛薩埵。人若住此秘密體驗，一切國土、一切眾生皆「悉平等生於永遠」，而成就「隨類攝取一切眾生令其成為金剛薩埵」之「本誓」。亦即生於「永遠無礙除障」之佛的工作活動，成為「自性睡眠之一切眾生」的「驚覺鈴」，成金剛薩埵之轉法輪事業。

此三種「三昧耶」者，即「即身佛也」之徹底體驗。由此體驗而奮進的行為，即是三昧耶戒之實現也。

第十七日談
「真言宗之十重戒相與顯教不同」一事

正純密教真言宗之十重戒相，與顯教不同。只為真言行，者與宇宙實相一致；宇宙實相之人格體現，即金剛薩埵；與金剛薩埵一致，即行者復歸本有之實相，即行者身心之實相之達到無垢之第九識，當相即道。

凡入「三昧耶戒壇」受三昧耶戒者，同時受真言密教之十重戒相如下：

一、 不應退菩提心，妨成佛故，能持否？
    答：能。

二、 不應捨離三寶，皈依外道是邪法故，能持否？
    答：能。

三、 不應毀謗三乘教，背佛法故，能持否？
    答：能。

四、 於諸甚深大乘經典，不通解處不應生
疑，非是凡夫之境界故，能持否？
答：能。

五、 見已發菩提心，勿說小乘之教法，令
退菩提心而趣向二乘，斷三寶種故，
能持否？
答：能。

六、 若有眾生未發菩提心，不應為說如是
深法，令彼退轉發二乘心，違本願故，
能持否？
答：能。

七、 對小乘邪見之人不應輒說深妙大乘，
況彼生謗得大殃故，能持否？
答：能。

八、 不應讚揚發起諸邪見之法，斷善根故，
能持否？
答：能。

九、 於外道非機之人前，不應自說我具無
　　上妙戒，彼生嫉心而求不得，永退菩
　　提俱損自他故，能持否？
　　答：能。

十、 於一切眾生諸有所損及無利益之事，
　　一切不應作，不能教他作、見作隨喜，
　　於利他法及慈悲心相違故，能持否？
　　答：能。

入三昧耶戒壇受三昧耶戒，以一切慎重得
滅罪生善，應受觀智密要，禪定法門，大乘
妙旨。復受一尊真言，進入第十識「祕密莊
嚴心」。

第十八日談
「吉祥天為毘沙門之后妃者不能成立」一事

吉祥天女，又稱功德天，《金光明經》曰「功德天」，《最勝王經》曰「大吉祥天女」，《義釋》曰「吉祥天女，舊譯云功德天女」。《大疏演奧鈔》曰：「《千手觀音二十八部眾釋（定深記）》云：次言功德者，吉祥天女也。梵曰摩訶室利Mahā śrī，言摩訶者大也。室利有二義：一者功德，二者吉祥。由此二義，曇無讖及伽梵達摩、阿地瞿多等三藏諸師，同云功德天。餘諸三藏翻為吉祥，如文殊師利或云妙吉祥，或云妙德。」

吉祥天雖為「天女」，但卻有菩薩證量，為度眾生而現天女形。正純密教中所有的「天部」本尊，皆象徵「一切皆圓滿具足」之體性。

吉祥天女之本願乃「功德（美麗、幸福）成就」、「予大功德於眾生」，為女性修真言行者天部諸尊中最重要的本尊之一。

吉祥天女，原為婆羅門教中「拉克什米女神
Laksmi」，意思為「功德」或「寶藏」，是守
護世界之神「毘濕奴 Krisna」的妻子（或云
為毘沙門天之后妃，然無確實經軌之說）。
當毘濕奴下凡時，吉祥天女就化為他在人
間的配偶，故傳說吉祥天唯一常在的地方，
就是她丈夫毘濕奴的身邊。吉祥天女，象
徵豐饒與賜予，是婆羅門教最重要的三位
女神之一。

吉祥天女被秘密佛教吸收後，成了重要本
尊法。其經軌為《佛說吉祥天女十二名號經》
一卷、《大吉祥天女十二契一百八名無垢大
乘經》一卷、《功德天法》一卷（《陀羅尼經》
十）、《金光明最勝王經•大吉祥天女品》等。

其天女之形，《陀羅尼集經•功德天品》曰：
「其功德天像，身端正，赤白色。二臂畫作
種種瓔珞環釧耳璫天衣寶冠。天女左手持
如意珠，右手施咒無畏，宣臺上坐。左邊畫
梵摩天，右邊畫帝釋天。如散華供養天女，

背後各畫一七寶山。於天像上，作五色雲，雲上安六牙白象，象鼻絞馬腦瓶，瓶中傾出種種寶物，灌功德天頂上。天神背後，畫百寶華林，頭上畫作千葉寶蓋，著上作諸天伎樂，散華供養。」

其經軌為《佛說吉祥天女十二名號經》一卷、《大吉祥天女十二契一百八名無垢大乘經》一卷、《功德天法》一卷（陀羅尼經十）。

以吉祥天為毘沙門之后妃者，日本台密有毘沙門吉祥之雙身法，一方犍達羅之刻像中，有男女之二天相並者，為毘沙門天與鬼子母神也。一者刻像之考證經過不明；二者吉祥天與辯才天雖時相混同，然鬼子母神與吉祥天從來都非相混，故說吉祥天為毘沙門之后妃者不能成立。

第十九日談
「天部之修法及其象徵性」一事

正純密教之修法，不論是佛部、菩薩部、明王部、天部、或是夜叉羅刹之修法，皆為「供養本尊秘密儀軌、祈願悉地成就」之作法。各部乃至各本尊悉有其象徵性；各本尊悉有印契與真言，只要誠意祈願，可入三摩地，體證「於世出世間」之即身成佛，一切諸願無不成就，現世解難息災增福，同時普利眾生。

這裡先說明天部之修法及其象徵性。天，梵語曰提婆，又名天部，傳統婆羅門教視其為具有神通力和福德自在者；在正純密教則取其義，故象徵無可限量的「福」與「德」。

在秘密佛教經典中，天部中亦有如來菩薩為方便而變化出來者，亦有精進努力希求佛道者，不論如何，其共通象徵意義在於表達「比佛菩薩更近人間、人間味更濃」。所謂「佛菩薩之化身」者，既然化為天部，自有了天部風度，專門加持真言行者具足「神通力如天人、福報自在如天」了。

真言宗天部本尊法，包括大黑天法、辯才天法、吉祥天法、摩里支天法、毘沙門天法、聖天法、帝釋天法等。

天部通用修法儀軌見於《秘鈔第十六卷》：

壇前普禮、著座普禮、塗香、三密觀、淨三業、三部、被甲、加持香水（枳里枳里咒）、灑淨、加持供物（三古印枳里枳里咒）、覽字觀、淨地、觀佛、金剛起、普禮、表白神分、祈願等、五悔、發願、五大願、普供三力、大金剛輪、地結、方結、道場觀（如來拳印七處加持）、大虛空藏、小金剛輪、

送車輅、請車輅、召請（大鈎召印明真言末加本尊名號并召請詞）、四攝、拍掌、虛空網、火院、大三摩耶、閼伽、荷葉座（左手仰掌向外也）、皈命阿、五供印明、普供三力、現供、讚（先四智次本尊）、普供養三力、祈願等、禮佛（四攝之後加本尊句）、本尊印等（先大日、次本尊、眷屬、佛眼）、散念誦（佛眼、大日、本尊、法施、大金、一字）、後供養（先理供後事供）、讚如前、普供養、三力、祈願、禮佛、迴向、迴向方便、解界、撥遣（右手拳彈指三度不投花）、唵縛日羅目乞叉穆、三部、被甲、禮佛、出堂。

第二十日談
「看不到聽不到之心真言」一事

正純密教之各本尊，悉有其密印及真言。只要行住坐臥，心住正念；常結密印，持明（持誦真言）觀尊，即是修真言者最勝也。從前不成就的法門，一時成就。弘法大師為法成就故，修此法耳。

佛經所說各各本尊之真言，俱是在說「宇宙真理」的，常持誦之能啟發本有的智慧光明之效力，就能滅卻迷執，顯現佛德自性（佛性），能由凡入聖，為真言行者乃至大乘佛教行者所不可缺之特殊語言，悉是成佛之總持（智慧能持實相，是謂「總持」）。經中所說之各各本尊，皆是分述大日如來智慧光明效力之功德，故經云「五百總持」，又云「無量總持」。

持誦真言者，《大日經疏》說有四種念誦方法。《大日經疏》云：「《世出世持誦品》第三十之我說有四種之經文之釋，明示聲念誦，與心想念誦，與出入息念誦，及心意念誦等四種念誦。**聲念誦**，是專心口誦真言也。聲出時一一之聲字皆悉諦了，而不間斷不攀緣也。**心想念誦**是不出聲，以心想作意念誦也。**出入息念誦**，是以所誦之真言為出入息也。第四之**心意念誦**是與上三種內心相應、內外相應無分別之自然念誦也。」

但凡修真言行，有音聲言語的是屬於持誦真言之外相；無音聲言語的則是心之內容，這才是看不到聽不到之「心真言」，亦名「密咒」。所以，不論是「聲念誦」、「心想念誦」、及「出入息念誦」，都只是屬於持誦真言之外相；唯獨是「心意念誦」，才是屬於心之內容，這才是看不到聽不到之密咒。

第二十一日談
「正純密教之供養法」一事

「供養」，梵語名「布惹」(Pūja)，是從有「崇敬」之義的動詞(Pūj)成立的名詞，故以「崇敬」為其本義。

《十住毘婆娑論》説：「若人以香花四事供養佛，不名供養佛；若能一心不放逸，親近修習聖道，此名恭敬供養諸佛。」因崇敬才以香花、飯食、衣服等資具供給佛、諸聖者等，故名「供養」。依歷史來説，從尊敬釋尊及其聖弟子的「皈依一念」起，其信者即以衣服、臥具、飲食、醫藥等行四事供養。依此來表達信佛、皈依佛之「誠」心。另外，佛和諸聖者滅後，其信仰者不能親承其音容，為安慰自心，於奉安舍利之塔廟前，供養種種物資，用以表達至誠之皈依。

上述，乃以歷史上之人間佛陀及諸聖者為基本而說的供養。是一般世俗及今天顯教的供養，一花、一香，仍只是一花、一香，即僅是因緣所生之有限的一事、一物而已。

然而以「全一的法身佛」為根本之正純密教的供養法，與上述之供養，則其趣有異。正純密教，予以有限的一事一物精神化、無限化。所以，一花、一香都是宇宙之縮寫的一花、一香了，這就是密教之「供養雲海」思想。因為一花、一香無非妙諦，乃至微塵之末都滲透了大日如來生命之光及其無限的功德，故一花、一香之當體即是無限、都是全一，都是遍法界。以此遍法界之一花、一香，供養遍法界之法身佛，當中供養之事物與被供養之佛，俱是宇宙之絕對體，故正純密教之供養法是「絕能所」之供養雲海。

此遍法界的宇宙全一之法身佛，分開即成為無量無邊之一切如來；遍法界之實相的一花、一香，當體即無量無數之香花供養故，即成無量無數之香、花供具，供養各個遍法界之一切如來了。故「五供養偈」説「我今所獻諸供具，一一諸塵皆實相；實相普遍諸法界，法界即此諸妙供；供養自他四法身，三世普供養常恆，不受而受哀愍受」，即此意也。

正純密教雖是把一事一物無限化、絕對化，然於法身佛供養儀軌裡，則與擬供養歷史上之釋尊一樣，是把「信者迎請佛到住居來供養之形式」加以組織而成的供養法。不過，就迎請佛而言，正純密教供養法中其佛不是歷史上之佛，而是法身佛故，故不能以人間視以為然的物質饗應看待，而是要以精神上的去供養十方周遍的佛。

秘密佛教，於正純密教所修的供養法之精神上言，所供養的香、花、偈頌等事物，都是無限化、絕對化、象徵化，都是有象徵意義的。而迎請佛來饗應之供物，依各經軌之不同而有異。但大概都用閼伽、塗香、華鬘、燒香、飯食、燈明等六種。此六種供具，依世間一般之意義上來說即：

（一）閼伽是用來洗貴賓之足的水；

（二）塗香是《智度論》所說「天竺國熱，身臭故，以香塗身」之習俗而來；

（三）、（四）、（五）、（六）華鬘、燒香、飯食、燈明等是令視覺、嗅覺或味覺感怡適者。

然以密教精神來看：

（一）閼伽是洗淨煩惱罪垢；

（二）塗香是磨瑩五分法身；

（三）華鬘是以萬行之花莊嚴其身；

（四）燒香是遍至法界不能阻撓；

（五）飯食是極無比味之禪悅食、法喜食；

（六）燈明是取如來智光能照遍世間幽暗之深意。

以上即是六種供養的思念修法。以此精神化之六種供具，虔敬供養遍法界之一切如來。由此種虔敬供養的觀智之凝聚，而超越了個我中心之迷界。

正純密教不祇以此等供物供養而已，還有攝取印度之「以供物投入火中燒，由火神之媒介傳達於聖者」的火供法。不過經過正純密教化的火供法，已淨化、精神化為「護摩法」。以正純密教精神來看護摩法，其象徵性如下：

（一） 其護摩之火即象徵如來之智火；

（二） 爐之全體即象徵如來之身；

（三） 爐口是象徵如來之口。

如來之身、口、意，即行者之身、口、意，以此「三平等觀」之實修，是密教真精神發揮之處。這就是正純密教護摩的特質。

又如「十八道」所立之供養法，就是以偈頌所表現之供養法則：「身五」、「界二」、「道場二」、「請三」、「結三」、「供養三」。其中：

一、「身五」者，當迎請佛饗應前，主人先準備潔治自身之五作法。

二、「界二、道場二」者，即施敷特設迎請佛之客座，道場莊嚴等四作法。

三、「請三」者，即迎請佛之準備已經就緒，
　　為迎請佛而遣送車輅，請佛乘此至道
　　場，此處有導至道場中之三作法。

四、「結三」者，此附著警護，以防不敬漢
　　之侵入之三作法。

五、「供養三」者，即正要供養佛之三作法
　　則。

以上所介紹的正純密教之「十八道」供養法，
不外是以精神上的觀念去供養，主要先潔
治自身。所以，其作法手結印，口誦真言，
觀念五分法身或三部之加持，被如來大誓
鎧等去除假我肉體我之迷執，自己體認法
身生命，並以自身肯定之精神去迎請同一
體性之法身佛，佛與佛之交際下互相感通
之處，才有供養法之密教修行的成立。

第二十二日談
「白傘蓋佛頂」一事

在佛教眾多修法中，「大白傘」很多人都聽過，持誦其心咒亦是十分普遍的。但其在《大藏經》之出處及其修持法儀軌，就很少人知道了。

「大白傘」，原名「悉怛多缽怛羅」，是梵文「Sitata（傘）patra（蓋）snisa（白）」首兩字之音譯，其意譯為「白傘蓋」。「白傘蓋」者，是「佛之淨德覆蓋一切」之義，故又稱「白傘佛頂」（或作白傘佛頂）、「白傘蓋佛頂輪王」、「傘蓋佛頂」、「白傘蓋頂輪王菩薩」，為五佛頂之第一也。

正純密教真言宗的本尊中的「白傘蓋佛頂菩薩(Sitata Patra Snisa)」，是位於胎藏界曼荼羅釋迦院之右方下列第一位，乃釋迦之眷屬，以「白淨慈悲之傘蓋護覆眾生」為本誓；密號「異相金剛」，種子為罕(lam)，表

示以無相、不可得之「智光覆蓋法界眾生」之意。其三昧耶形為「蓮上白傘」，或謂「傘蓋」。其形象乃身呈黃色，左手執蓮花，蓮上有白傘，右手臂上屈，並屈五指，作拇指、食指相捻狀，結跏趺坐於赤蓮花上。另有作手持白傘，放白色之光，坐大白蓮上之形象者，或右手五指張開而拇指、無名指相捻者，各經所載不同。

傘在古代印度本來是貴族和皇室的象徵，是貴族出行時的儀仗器具。後來被佛教採用，象徵著「遮蔽魔障，守護佛法」。《大日經》及《疏略》曰：「白傘，釋迦如來頂上化現作輪王形，頂有重髻之尊體，謂之佛頂尊。白傘蓋者，佛之淨德覆一切之義也。黃色持蓮華，上有白傘蓋，號為異相金剛。」《大日經疏》又曰：「如來五頂，第一白傘。」《軌》曰：「白傘堅慧風鎮定，常覆如蓋。」《大日經義釋》曰：「此則如來眾相之頂，以白淨大慈遍法界。」

白傘蓋佛頂菩薩(Sitata Patra Snisa)之儀軌修法,《新修大正藏》收錄有《白傘蓋大佛頂王最勝無比大威德金剛無礙大道場陀羅尼念誦法要》一卷、《白傘蓋佛頂瑜伽祕要略念誦》一卷。又《大佛頂如來密因修證了義諸菩薩萬行首楞嚴經》中有「佛頂(Tathagato snisa)光明摩訶薩怛多(sitata)般怛羅(patra)無上神咒」,又名「楞嚴咒」。梵語「Sitata Patra 悉怛多般怛囉」,是「白傘蓋」意也。

《白傘蓋大佛頂王最勝無比大威德金剛無礙大道場陀羅尼念誦法要》開示其手印:「根本之大印:二手虛心合,戒方(二無名指)屈入掌,以其禪智(二拇指)面並押戒方(二無名指)甲,進力(二食指)屈令圓,是佛傘蓋印。」又云:「真言誦七遍。則於頂上散。此大佛頂王,殊勝無與等,是佛大悲力,師子吼流出。一切佛加持,大悲照憂暗,甚深知無垢,令作諸吉祥,菩薩及諸天,而不能沮壞,獲得不退轉,一切悉安樂。眾毒不能傷,天龍不敢近,書寫及誦持,

速疾證悉地。無能勝大明，是佛之所説，能摧一切魔，能辟除諸障者。大力慾自在，世間魔軍王，波旬亦自在，世天大威德，無量俱胝魔，若欲作障難，現作種種狀，魔軍恐怖形。由結印誦明，故自然悉退散，當用作加持，成就佛頂者，於大障礙處，常得大加護。」

又《大佛頂如來密因修證了義諸菩薩萬行首楞嚴經》云：「於時世尊，頂放百寶無畏光明，光中出生千葉寶蓮，有佛化身，結跏趺坐，宣説神咒。」故「楞嚴咒」為釋迦牟尼佛頂髻大智慧光明所化現之化佛所宣説。正純密教看這為一種象徵性，代表諸佛如來之大誓願力，願以佛頂大智慧光明寶蓋，覆於一切眾生，守護眾生直至成佛。

白傘蓋佛頂菩薩所説之陀羅尼，稱「白傘蓋神咒」。其長咒即「楞嚴咒」，共四百二十七句，二千六百二十字，分五會：

一、毘盧真法界會

二、釋尊應化會

三、觀音合同會

四、金剛藏折攝會

五、文殊弘傳會

「楞嚴咒」的咒心：

Om Sarva（一切）Tathagato（如來）snisa（頂）Sitata（白）patra（傘蓋）Hum Phat（摧伏一切）

此「白傘蓋菩薩」本尊有大威力，放大智慧光明覆蓋一切眾生，以白傘蓋為其三昧耶形，能攝召一切菩薩聖眾，能召諸天、梵王、帝釋、夜摩、水天、俱尾羅等。

能明此事，為法王子，蒙佛授記，付佛法事，轉大法輪，不唯自度，兼能度人。故《大佛頂如來密因修證了義諸菩薩萬行首楞嚴經》又云：「是佛頂(Tathagato snisa)光聚薩怛多(sitata)般怛羅(patra)秘密伽陀微妙章句，出生十方一切諸佛。十方如來因此咒心，得成無上正遍知覺。十方如來執此咒心，降伏諸魔制諸外道。十方如來乘此咒心，坐寶蓮華應微塵國。十方如來含此咒心，於微塵國轉大法輪。十方如來持此咒心，能於十方摩頂授記，自果未成亦於十方蒙佛授記。十方如來依此咒心，能於十方拔濟群苦，所謂地獄餓鬼畜生盲聾喑啞，怨憎會苦愛別離苦，求不得苦五陰熾盛，大小諸橫同時解脫，賊難兵難王難獄難，風水火難飢渴貧窮應念銷散。十方如

來隨此咒心，能於十方事善知識，四威儀
中供養如意，恆沙如來會中推為大法王子。
十方如來行此咒心，能於十方攝受親因，
令諸小乘聞秘密藏不生驚怖。十方如來誦
此咒心，成無上覺坐菩提樹入大涅槃。十
方如來傳此咒心，於滅度後付佛法事究竟
住持，嚴淨戒律悉得清淨。」

以上十種功德，皆以此咒心成就，實乃成
佛之次第也。由最初入道得道起，至成佛
為止，悉能以此咒心為修行。

第二十三日談
「祈願必先發大願」一事

正純密教真言宗於「本尊儀軌修法」中之祈願，即向上對「作為宇宙之絕對者」之本尊的依賴請願之謂。其具體意義，是當自己之靈力有不及之處時，向自己以上「代表宇宙之絕對大靈力持有者」之本尊，所作之依賴，請願扶助。

由於需要「依賴請願」，故正純密教真言行者首先必須以極清淨、潔白、慎重之心，並盡其禮儀方可。

其次，根據真言宗本尊儀軌修法中之祈願，真言行者依賴請願的「交換條件」亦須表白；即依所請願，要「發大清淨願」作為成就前對「作為宇宙之絕對者」之本尊的報酬供養品，更要極嚴格、極具體切實此誓約才行。

祈願有自他之分。正純密教真言宗之真修實行者，其自己為自己祈願者，不外是信仰本尊以成就佛道為主眼，故一定要發大願心、定出條件，然後再去實行依賴，乞「代表宇宙之絕對大靈力持有者」之本尊乃至諸佛菩薩護法等之冥護加被。

若為他人祈願，則跟加持的根本意義無大差別。但一般所謂加持，乃是行者直接向病者或向物所行，而為他人祈願則是向神佛本尊請願的。這種祈願由於是向神佛本尊的請願，故多誤以為必須是由僧侶來作，才會有成就的。但若從正純密教真言宗之立場來看，一位真言行者為他人祈願，如能如法去實行本尊儀軌修持，自己縱非世俗法律上或職業性的僧侶，但在行法上亦可稱做僧侶，即能比職業僧侶更為有效驗！

總之，為自己祈願也好、為他人祈願也好，必須先發大誓願然後實行，這才是至關重要的事。

第二十四日談
「各本尊之實體」一事

《大日經》以內、外兩方面，説明正純密教修持所依之「本尊」。

從「內」而言：本尊乃吾人自性清淨心之實；依「外」而言：是用文字、事象（印）、身體形相來表現本尊。

故由外面來看，正純密教之本尊是多種多樣；單只一尊，即具有文字、事象、身體形相的表現。各個本尊之形相各異，而正純密教兩部曼荼羅之本尊，總數有數百乃至數千之多。

總觀密教本尊眾多，「各式各樣之本尊」是正純密教之修持特色。而諸多本尊，又必須統一於唯一「母體」為中心，此即是活現一切之「大日如來」，本來無他。故各本尊之「母體」，決非有二、或三的別體。所謂

各式各樣之本尊，也只不過因隨各人之意向，應其教養，而表現出多種而已。故《大日經》云：「若有眾生，應以佛而得度者，即示現佛身，或乃至聲聞身，或緣覺身、或菩薩身、或梵天身、或那羅延、毘沙門、摩睺羅伽、人、非人等身。」於《法華經普門品》亦如是説。

由此可見，正純密教之本尊，有崇高的阿閦佛、寶生佛；或有男子氣概的忿怒形之不動明王等；亦有優美的觀音菩薩、又殊菩薩等；更有福德自在的辯才天女、吉祥天女等。其種種表現，都不外為適應各種人性氣質的方便法門而已。

若欲對正純密教之修證信念堅實，即要選擇適應自己且與己有緣之本尊為「念持佛」，通此本尊去活現「全一」的絕對本尊母體「大日如來」。此舉於密教「安住其心」來説，是必經的路線。

淨土真宗等信奉一阿彌陀佛以外，嚴禁崇信或供養其他之佛菩薩；於正純密教的立場，如果自己選定了某「念持佛」，其念持亦是契入「全一」之宇宙母體大日如來的方便法門而已，故不必拘執於其他表現之佛。若能夠凝一心皈命供養一尊，無論什麼「念持佛」，都可以讓人融入「全一」之絕對本尊「大日如來」。宇宙間任何佛，任一外教，不外是象徵宇宙整體之「大日如來」內容之一部分。未證悟此者，只固執自宗，不見宇宙之大，就猶如螞蟻不能窺見全象一樣，又怎能知證「全一」之宇宙母體大日如來真姿？

弘法大師說正純密教之本尊云：「未來自性清淨之吾心，是於世間出世間最勝最尊，故名本尊。又已成佛之本來清淨之理，亦是世間出世間最勝最尊，故名本尊。佛我無二無別也，乃至於一切眾生各別身中本來自性清淨之理，即世間出世間最勝最尊；我、與佛、及一切眾生，無二無別，此三平

等心也。」此即是以「內之精神面」為主而言
的密教修持所依之本尊。

第二十五日談
「三三平等」一事

弘法大師云：「本來自性清淨之理，即世間、出世間最勝最尊。我、與佛（本尊）、及一切眾生（宇宙全體，又稱為法界），無二無別，此三平等也。」

於「行者、與本尊、及法界」之「三平等」立場上，正純密教再建立了本尊（諸佛、菩薩、明王、天部、藥叉等）之「三密」與行者之「三密」互相加持，融合一致，是名「三三平等」。

《菩提心論》云：「身密者，手結印契而召請聖眾之謂；語密即是密誦真言而文字句了了分明沒有謬誤；意密即住於相應瑜伽圓滿如白淨月的菩提心。」

例如，修不動明王法，即以不動明王為本尊。即在我、與不動明王、及一切眾生（宇宙全體）無二無別之「三平等」之立場上，行者透過結不動明王之印，即其印變不動明王忿怒形相；修法者透過口念誦不動明王真言，其咒即化為不動明王之聲音；修法者之意（意是第七識，即我執識），於觀念不動明王時，自身從以「肉體我」為基本的小我見地中脫離，融入不動明王大我生命，行者與不動明王之慈救力（真我）同化。

本尊身口意「三密」既與行者身口意「三密」同化，因同化故，行者遁入本尊之中（我入），本尊又入行者之中（入我）。我入入我，則我之三密與本尊之三密無有差別。本尊的三密與行者的三密，互相加持：即如來（本尊）的「加持力」與行者自己的「功德力」合一，再與本尊之母體「大日如來」之「法界力」相應。行者「三力」成就故，得即身成佛之果。

本尊、行者彼此的加持，是透過行者之口誦本尊真言、手結印契、心住三摩地。如此，行者與本尊之三密即互為加持，而得不可思議的「本尊瑜伽」，則無妄念。若心無妄念，即口無妄語，動作自正；同樣地，任何一密趨正，餘二密皆淨。故任何一密，皆含其他二密。三密彼此各自互相加持而交互增進其力用，以至於達到完全圓滿的境界；若再加上「行者、本尊、及法界完全平等」之「三平等」觀，即成為「三三平等」觀了。這「三三平等」觀，是正純密教不共之觀法，亦是正純密教中最為微妙殊勝之觀法。

這裡再進一步說「三三平等」殊妙之處。真言行者若將自己的一密、二密、三密來加持他人的一密、二密或三密，由於互相加持的交感作用，自我他人，則同時淨化而達解脫之地。推而廣之，於十方法界一切眾生，則彼此三密互涉互入，精神漸次「因上轉下、又由下轉上」的雙迴活動而昇華不已，終究契入於「三三平等」之究竟境界：

就是「佛佛之間」的「加持」，以增盛涵攝「佛佛彼此救濟眾生」的「活動力」。譬如甲之口密與乙之口密的加持，甲因其口密的效用即念誦，激起乙品格精神的昇華，以甲為規範而淨化其心，此即《大日經疏》所說：「由一平等身普現一切威儀，如是威儀無非實印；一平等語普現一切聲音，如是聲音無非真言；一平等心普現一切本尊，如是本尊無非三昧。」故舉手投足，皆成密印；開口發聲，悉是真言；念念所作，自成定慧；身密攝一切的色法；意密則攝一切的心法；語密攝一切的聲音；由此三密，能網羅遍攝一切萬法無量的作用。

第二十六日談
「三力具足」一事

《大日經》說:「如實知自心。」這「如實知自心」,並不是分析知解自心現象之概念心,而是掌握到「本心」、覺知「自心源底」,把握了「活現法界一切物」之絕對力,是名「法界力」。此法界力又為「自己之功德力」,亦是「如來所加持的力」。故此,「自己功德力」、「如來加持力」與具足其源泉的「法界力」,共活現於真言行者之真修實證中,即是正純密教所謂之「三力具足」。故《大日經疏》云:「以我功德力故,以如來加持力故,以法界力故,以此三緣合故即能成就不思議業用。」

真言行者,沒有「自己用功善行之力(自己功德力)」是不可以的。可是單靠自己同樣是不夠的,這正如無明師或聖賢的「教導加持之力(如來加持力)」是不行的一樣。除此以外還須「友人社會來幫助之力(法界力)」,方能成就。

又如：病者若無自己的小心（自己功德力）、醫藥（如來加持力）、和看護（法界力），三力具足的協助，決不能迅速平安痊癒。

又如：加持祈願，要有真言行者的決定信（功德力）、本尊的本誓願力（如來加持力）、及加持祈願之本尊儀軌莊嚴（法界力），此三力一致，願心猛進，即有不可思議效驗。

又如：正純密教認為一切本尊都是釋迦牟尼（或泛指一切覺者）的化現。是因為釋迦佛為了教授眾生（釋迦的自己功德力）、曾經化身成各各本尊（各本尊皆是象徵如來加持力）、建立了能除三毒之各各本尊修持儀軌的秘密莊嚴（法界力）。這三力具足，就是一切本尊法之所以如此法力無邊的一個原因。

法界力，一般人往往忽略之，宗教上也很不注意而等閒看侍之，多重視佛力與自己信心力。事實上，法界力量是很大的，比如一個學生，自己雖很用功，教師也很好，但是如果家人和友人都窮凶極壞，結局終難成為偉大人物。故同行者或社會之影響力，有著直接支配力量，成敗也多靠此力而定。

在正純密教立場，於加持祈願中，即使信者熱誠，本尊靈驗，但如果修法之儀軌、同行者、道場惡劣，欠缺莊嚴，其效果會失去，故無法表現其效驗。

如果自力、他力、法解力都優越，任何事都會不可思議速成，且效驗良好。故加持祈願是必須注重三力具足條件的！

第二十七日談
「明王部之修法及其象徵性」一事

正如前説，正純密教之修法，不論是佛部、菩薩部、明王部、天部、或是夜叉羅剎之修法，皆為「供養本尊秘密儀軌、祈願悉地成就」之作法。任何一部中各本尊悉有其象徵性；各本尊悉有印契與真言，只要誠意祈願，可入三摩地，體證「於世出世間」之即身成佛，一切諸願無不成就，現世解難息災增福，同時普利眾生。

這裡試説明「明王部」之修法及其象徵性。明王，是如來為欲濟度難化之眾生，而假方便變化為忿怒身者；象徵「以強厭的迫力方便來教化眾生」之化身佛也。故説明王乃奉守如來之教勅，調伏難化之眾，恰似王者司法令與四民，明而且嚴，故名明王，其地位曰「教令輪」。

正純密教之立場認為：如來是「自性輪」，轉自性法爾之法輪；菩薩是轉「正法輪」之陰忍柔和者，遂循轉濟度眾生法輪的；而明王曰「教令輪」，是折伏難化眾生的違犯如來教令者的。

《聖無動尊一字出生八大童子祕要法品》云：「金剛手言：一切眾生意想不同，或順或逆。是故如來現慈與怒之身，隨作利益。解云：諸佛大悲愍眾生故，即於順者則以順而勸之，若於逆者則以逆而制伏也。一（毘盧遮那）佛住忿怒三昧，時十方諸佛同共入忿怒瞋三昧。」又云：「是故四方如來，現教令身降伏眾魔。雖然猶不親隨逐，所以本誓不同。或降三世菩薩，降伏天魔及三世貪瞋癡。或軍荼利菩薩，調伏常隨魔謂毘那夜迦及人魔。或焰魔特迦，降伏龍魔及諸怨敵。或金剛夜叉，調伏鬼魔及無智者。如是種種不可具說。不動明王，恒隨行者，若天若毘那夜迦，若龍若鬼，所作障礙一時消滅。」

此世間之真言行者，皈依明王者居多，修法亦靈驗，效果顯著，故明王修法不可枚舉，而此修法大都以十八道護摩法來建立。

這裡順帶介紹一位十分特別的明王，祂是唯一的女性明王，同時是一位菩薩。這位就是「大孔雀明王菩薩」，是西方阿彌陀如來的化身。所有其他明王都是忿怒相，唯有孔雀明王則是一臉溫柔的表情，這個表情，就是菩薩的「慈悲相」。所以「孔雀明王」，又稱「孔雀明王菩薩」。但祂同時又是一位明王，這正好反影了「隱藏在孔雀身體美麗羽毛背後，是它那威猛的性情」；不僅如此，孔雀甚至敢吃毒蛇毒物。

「孔雀明王」，其實就是孔雀的化身，它源自印度婆羅門教。然而，正純密教則使之意義化、象徵化，是以孔雀威猛的性情，敢吃毒蛇毒物，象徵「以威猛的性情消除災難厄運」之不可思議法界力量！

《佛母大孔雀明王經》云：「令我夜安穩，晝日亦安穩。於一切時中，諸佛常護念。」又云：「治療諸身體病苦、修止貪瞋癡心病。」又云：「悉除諸毒獲得安隱，壽命百年願見百秋。」

弘法大師曾開示孔雀明王亦是釋迦牟尼的化現。是因為釋迦佛（報身佛）為了教授眾生此能除三毒之諸法界實相（法身佛），曾經化身成大孔雀明王（化身佛）。這也是大孔雀明王之所以如此法力無邊的一個原因。

「大孔雀明王儀軌修持」之道場觀：

壇上有字，變成金色孔雀王，座上有白色蓮花，花上有字，變成孔雀尾，尾上有半月及滿月輪，變成孔雀明王，住慈悲相，具四臂，右邊第一手執開敷蓮花，第二手執具緣果（木瓜）；左邊第一手當心執吉祥果（石榴），第二手執三五莖孔雀尾，七佛、慈氏、四辟支佛、四大聲聞、八方天王、廿八部藥

叉、大將、諸鬼神眾、並諸宿曜十二宮神將等前後圍繞。

大孔雀明王心咒：

唵摩訶麼庾囉訖蘭帝娑婆訶
Om Maha mayura grande svaha

大孔雀明王心咒之意譯：

Om 皈命（即順從、成為的意思）

Maha 大（包含一切事一切物在內，具絕對義）

Mayura 孔雀明王（Mayura 意即孔雀的陰性形，故象徵孔雀明王是一位女性形象之明王）

Grande 不能超越者（三毒不能超越者，即降伏三毒的意思）

Svaha 成就（當下圓滿成就）

正純密教真言宗之「大孔雀明王儀軌修持」，是一個能造福利益眾生的方便法門。尤其是對於今天各種病毒、藥毒、咒毒所引起的一切身心病苦，「大孔雀明王儀軌修持」實在有其獨特不可思議的大威力、護持力、和治癒力，常擁護行者「壽命百年，除滅惡事，常覩吉祥，離諸憂惱」。

能常持誦大孔雀明王心咒者，大家除了將擁有諸佛菩薩加持力；以及天王、龍神、藥叉、羅剎等護持力外；更是表示信仰皈依諸佛菩薩，並能契入諸天王、龍神、藥叉、羅剎等所象徵的絕對「福德自在力」。

第二十八日談
「佛、菩薩部之修法及其象徵性」一事

正純密教之佛、菩薩修法,是為「供養本尊秘密儀軌、祈願悉地成就」之最上成就之作法。

諸佛皆是象徵「功德圓滿,遍滿虛空」,正如電台所發出的各種電波頻率一樣,交織於太空中,行者若能以「三密加持法」接收之,即能發揚其聲色諸相之威力。

菩薩,就是菩提薩埵,即覺有情、有大心眾生、大士等,其實不外乎是眾生成佛之形式,是諸佛(覺者)為眾生意相各異而欲教化之而表現方便法門。故正純密教中每一位菩薩,都是一種象徵性,是象徵「眾生本性(因)不可思議之心」、「眾生能忍苦發願成道而樂修行(道)堅固不動之心」;乃至「眾生已得諸佛之功德(果)不斷不破畢竟如金剛不壞」。

正純密教之修法，完全是一種理則，絲毫無半點迷信存在。行者之功德力，是從佛菩薩力而來，俱是絕對；法界力亦如是。只是行者之用心如何來決定其效驗，不但可以能為人息災治病，更可與宇宙同化，即身證入佛果。

這裡也順帶介紹一位十分特別的菩薩本尊：如意輪觀音：

《觀世音菩薩如意摩尼輪陀羅尼念誦法》云：「若有善男子、善女人，持誦此咒滿十萬，聖如意輪菩薩現身與所求願。……誦此咒諸智者得大安樂，貨食必定成就，富貴資具無不豐足，凡三世諸佛出世皆說此咒。」又云：「念誦之時，當憶聖如意輪菩薩形相，永作依怙。」

如意輪觀音的六隻手：

右邊：

托著頭的，是思惟相，是思惟「我如何救渡眾生，如何渡這些人；思惟如何精進有成」。大家常聞思這道理，就是思惟相。

手拿如意寶珠，這寶珠能出萬寶，您見過寶珠沒有？我們是在寶珠內生活，因寶珠是大虛空，萬物都是虛空中生出來的，所以悟道大虛空。我們人如同大虛空的容量，心如虛空大，「心如虛空、福如虛空」。你要悟這虛空法，一切法都是在虛空的內體。

手拿唸珠，是叫人入真言門來修真言行。拿唸珠來持誦真言，是要將一百零八種煩惱轉化成如意輪觀音化身。

左邊：

手按「光明山」，教大家行光明修行路，大家行向光明，不要走到黑暗去。「光明流」是光明大道，悟光上師說自己是「宇宙流浪人，與彌陀同歲，在空間往來，只見到一片光明」。所以，今天大家來「光明王密教學會」，也是對的！

一隻手拿蓮花，教您瞭解您的自性本來是清淨如蓮花潔白，本來無罪。正純密教，不似外教說的「我是帶罪業而來」。業由心做（心理作用），故業由心去懺悔（也是心理作用），心病還需心藥醫，好的壞的都是心的問題。大家不是有唸「懺悔隨喜勸請福」嗎？我們每日「隨喜一切悉自在」，就是懺悔；不管甚麼時候，照這個字義去做。修真言行者「與本尊一起做事」，自能隨喜一切，沒有煩惱。

一隻手持輪，這個輪是代表事業。不是甚麼都不做就可以，一定要在世間工作，亦都要來做「佛的事業」。事業輪，即是轉法輪，是叫我們都要做佛的事業。

修如意輪法的時候，把不好的基因供養大日如來，如何做法？將你不好的思想全都拋棄出去，便可。

其實，每一個佛菩薩本尊的真言，都各自有其深奧的意義。大家唸如意輪觀音菩薩真言的時候，只要相應以上六件事，祂的六隻手的意義，是六種誓願，大家只要學祂就要做這六件事，全部都做齊了，你就成如意輪觀音，三密相應了！很快，這樣子成佛很快！

「如意輪觀音菩薩秘密儀軌修法」，讓大家透過修儀軌，都能夠「三密加持」成為如意輪觀音菩薩，所祈善願，都能成就：行者即是如意輪，行住坐臥，我是如意輪觀音「六種誓願」的化身，無間斷如流水一樣。是名為「流水三昧」。

第二十九日談
「夜叉羅刹之修法及其象徵性」一事

印度佛經故事中，有夜叉，又名藥叉，譯為勇健、暴惡、貴人、輕健等；乃依前世之宿福而持有神通力，故能施財；其性暴惡，噉人血肉，吸人精氣等，勇健無比。但是此等夜叉皆被如來之化導力以入道者，得了陀羅尼力而善現神變不思議，為償前非以誓願利益一切眾生，乃是一種惡鬼神也；現以妙智神力而活動者。如：金剛夜叉明王、大聖歡喜天、迦樓羅天、鬼子母神、天龍、荼吉利天、青面金剛、深沙大將等，均屬夜叉部。

又佛經故事中，有羅刹，又名疾速鬼、可畏等；男為羅叉波，女為羅叉斯，食人血肉精氣、唾毒氣，為惡行之鬼神。

在正純密教故事中，夜叉、羅剎，皆象徵「本來是惡神，其已轉向善行，得能施福與人間」者，修法要以此意而行「供養本尊秘密儀軌、祈願悉地成就」，自成就為本尊之作法。

相反，若違此義，而迷信之為外在惡鬼神而惡用，即為左道右巫之修行，反遭不利，自招禍害。

這裡特別介紹一位十分特別的「始為惡鬼終而為善之本尊」：荼吉利天。荼吉利天，是象徵「原來是惡鬼（噉食人黃者），及後被如來之化導而入道，得了陀羅尼力而善能現神變不思議，為償前非而誓願利益一切眾生」的本尊。

荼吉利天，是「九尾白狐」的化身。它亦是被日本神道教稱為稻荷大神的豐收神，乃以「主財、帶來福報」來看待。

另外，在正純密教觀念中，荼吉利天即文殊菩薩之化身，這點特別好。《秘密真言法要彙聚》說：「梵云荼吉尼，為噉食人黃之義，因昔食人黃故名。以深秘中言，為噉食無明之人黃也，又能噉食煩惱之垢穢，這深秘義跟文殊相通。」

在荼吉利天的故事中，她因吃人心被如來化為大黑天以降三世法降伏時，誓言護持行者「生前定不失心智」，故正純密教真言宗，是以其「噉食無明之人黃、煩惱之垢穢」之「文殊智」，「被如來大黑天降伏」之「降三世法」，以及為「主財、帶來福報」之「豐收神」等，為其象徵性來看待。

荼吉利天可用前述天部儀軌或十八度儀軌來修持，在《大藏經》內所述的咒與印之深義，為「離因無垢」和「食諸惱怒」，這正可相應上述所說的甚深秘義。

道場觀

觀想壇內，有大寶樓閣，其中有荷葉座，座上有「紇哩」（𑖮）字，變成真多摩尼寶，寶變成荼吉利天尊，身金色成端嚴微妙之天女形色，左手持真多摩尼寶，右手持降伏眾魔之劍，乘白色如玉之狐，狐口持五股金剛杵，本尊變文殊菩薩，文殊又變本尊。本尊前有三女子，天帝釋使，八大童子及二武神等，皆乘白狐，一萬三千七百五十八眷屬皆前後周圍圍繞。

第三十日談
「十八度建立法式」一事之上

正純密教的秘密修法中，所謂「諸尊」者，即是其所修本尊或所屬部類。當中有佛、菩薩、明王、天部、夜叉、羅剎等，但不論如何，其本源即是大日如來。祂們正代表著「大日如來普門」中的一門一德活動。如憤怒尊本身，雖是憤怒，其性暴惡，但人生有時亦有以忿怒來治事之必要。故開之為諸尊，閉之為大日一尊。

「金胎兩部」之「九會九尊」，合之為十八，而生「十八道行事」與「十分契印」。以修「十八道行事」來達到佛果之覺位，故稱十八道（因道）；又因「十八契印」皆為如來內證果地之智印，故稱十八道（果道）。「十八道」包含「金剛界」五佛四波羅蜜，與「胎藏界」中台八葉院九尊，故能顯金剛、胎藏「兩部不二」行軌之深意。

「十八道」約之為「六法」，又可細分之為「十八道」。原來這六法十八度，乃印度古代之婆羅門修法，以召請神祇來供養及祈禱之儀式。其後，正純密教才以象徵性使得「十八道」能代表「法身大日如來之功德」。

十八道中之六法行事：

第一部分（第1法至第5法）
莊嚴行者法 ─ 即入秘密門前，先清淨我身以成為佛法之器的作為：

(1)　　淨三業。

(2)　　佛部三昧耶。

(3)　　蓮華部三昧耶。

(4)　　金剛部三昧耶。

(5)　　被甲護身。

第二部分（第6法至第7法）
結界 ── 即自身既清淨，次要清淨土地之不淨，為修佛法之場所：

(6)　　金剛橛，又名地界，即結界法。

(7)　　金剛牆，又名四方結。

第三部分（第8法至第9法）
莊嚴道場法 ── 即設置本尊之道場次第：

(8)　　道場觀，為莊嚴道場法之一。

(9)　　大虛空藏。

第四部分（第10法至第12法）
勸請法 ── 即召請本尊降臨之法：

(10)　　送車輅。

(11)　　請車輅。

(12)　　迎請。

第五部分（第13法至第15法）

結護法 —— 此為除諸內外魔障之法，即時預
防修法中依外部，或心中所起之障礙：

(13)　部主結界。

(14)　金剛網。

(15)　火院。

第六部分（第16法至第18法）

供養法 —— 此中有事供養與理供養，以殊勝
妙供，供養本尊之謂也：

(16)　閼伽。

(17)　蓮華座。

(18)　普供養。

第三十日談
「十八度建立法式」一事之下

十八道之建立法式：

一、淨三業：

凡修法初行懺悔法後，必手結蓮華合掌印，口誦淨三業真言。淨三業真言道句義者，自身，一切法，他身，共自性清淨。以此自他法清淨真言加持故，淨除身口意三業垢染，即成清淨內心澡浴。

淨三業印，即蓮華合掌，此手印；十指並齊指端相合，兩手手掌相離，隆起結合。唸三次真言時，稍許閉啟二中指尖。

在各五處加持（額、右肩、左肩、心、喉）處，各唸一次真言，觀想身口意三業清淨無垢。

[真言]
唵(1)娑嚩婆嚩秫馱(2)薩嚩達磨(3)娑嚩婆嚩
秫(4)度憾(5)

om(1)svabhava-suddhah 自性清淨(2)
sarva-dharmah 一切法(3)svabhava-
suddho 自性清淨(4)ham 我(5)

二、佛部三昧耶:

先以諸香塗手,然後結於佛部三昧耶陀羅
尼印。置印當心,想於如來三十二相八十
種好,了了分明,即誦佛部三昧耶真言。由
結此印及誦真言,警覺佛部一切聖眾,皆
來護念加持行者,令獲得身業清淨,罪障
消滅。

佛部三昧耶印即雙手作虛心合掌(十指並
齊,掌中稍虛),打開合掌,微曲二食指靠
在二中指之上節,分開二大指,各在二食
指的下節捻文(用大指腹壓食指內側)。

結佛部三昧耶印，口誦真言，觀想佛部諸
尊加持行者，速得身業清淨，罪障清除，福
慧增長。

[真言]
唵(1)怛他蘗都納婆嚩也(2)婆嚩訶(3)

om(1)tathagatodbhavaya 如來發生(2)
svaha(3)

三、 蓮華部三昧耶：

結蓮華部三昧耶印，置印當心，想觀自在
菩薩相好端嚴，並無量俱胝蓮華族聖眾圍
繞，即誦蓮華部三昧耶真言。由結此印及
誦真言，警覺觀自在菩薩及蓮華部聖眾，
皆來加護行者，獲得語業清淨，言音威肅，
辯才無礙。

蓮華部三昧耶印，即結八葉印。雙手虛心合掌，將二大拇指、二小指的指頭相接，中間六指稍許彎曲（如綻放蓮華的花形）。

手結蓮華部三昧耶印，口誦真言，觀想觀自在菩薩及蓮華部諸尊加持行者，得語業清淨，辯才無礙。

[真言]
唵(1)跛娜謨納婆嚩也(2)娑嚩訶(3)

om(1)padmodbhavaya 蓮華發生(2)
svaha(3)

四、 金剛部三昧耶：

結金剛部三昧耶印，置印當心，想金剛藏菩薩相好威光，並無量執金剛眷屬圍繞，持誦金剛三昧耶真言。由結此印及誦真言，警覺金剛藏菩薩及金剛部聖眾，皆來加護行者，獲得意業清淨，三昧現前。

雙手左覆右仰，手背相合。以右大指與左小指相交（交叉），以左大指與右小指相交，中間的六指分開貼在手背上（如三鈷杵之形）。

口誦真言，觀想金剛藏菩薩及金剛部諸尊加持行者，得意業清淨，證菩提心，速得解脫。

[真言]
唵(1)嚩日盧納婆嚩也(2)娑嚩訶(3)

om(1)vajrodbhavaya 金剛發生(2)
svaha(3)

五、被甲護身：

結被甲護身三昧耶印，以此印印身五處，各誦護身真言一遍。由結此印及誦真言，即成被金剛堅固甲冑。一切諸魔，悉見行者威光赫奕，猶如日輪，各起慈心，不敢障難。

被甲護身印又稱為被甲印、護身三昧耶印，
即以二小指、二無名指之右壓左，在內（掌
中）相交（結印之初內縛，豎起二中指），二
中指豎起，指尖相接；將二食指立在二中
指後，做成鉤形（不與中指背相接），二大
指並排，壓二無名指邊側。

口誦真言，觀想身被如來大慈大悲之甲冑，
一切天魔皆起慈心，不能障礙。

[真言]
唵(1)嚩日羅銀你缽囉捻跛跢也(2)娑嚩訶(3)

**om(1)vajragni-pradiptaya 金剛火焰極威
曜(2)svaha(3)**

六、地界法：

結地界金剛橛印，想印如金剛杵形，以二大指向地觸之，誦地界真言一遍，一印於地，如是至三。由結此印及誦真言，如持地界，下至金輪際，成金剛不壞之界。大力諸魔，不能搖動。地中所有諸穢惡物，悉皆清淨。

金剛橛印又稱為地結印，乃以右中指放入左食指與中指之間，以右無名指放入左無名指與小指之間（頭部皆出）。次以左中指自右中指背放入右食指與中指之間，以左無名指自右無名指背放入右無名指與小指之間，二小指與二食指的指頭均互相支撐；二大指向下，指尖相接。唸真言一遍，同時以向下壓大地的要領下降（三次）。

口誦真言，觀想下至水際金剛不壞界，大
力諸魔不能動，施少功力即成就在果，由
加持力故，地中所有穢物皆清淨。

[真言]
唵(1)枳裡(2)枳裡(3)嚩日囉嚩日哩(4)步囉(5)
滿馱(6)滿馱(7)吽(8)發吒(9)

om(1)kili 橛(2)kili 橛(3)vajra-vajri 會剛
智金剛定(4)bhur 堅固(5)bandha 結縛(6)
bandha 極結縛(7)hum 種子(8)phat 摧破
(9)

七、四方結：

結方隅金剛牆印，觀想從印流出熾焰，以
印右旋，繞身三轉。由結此印誦真言及觀
行力故，成金剛光焰方隅牆界。諸魔惡人，
虎狼獅子，及諸毒蟲，不能附近。

金剛牆印，又稱為四方結印。先結地結印（前印）的狀態，雙手掌分開，豎立二大指（做成牆形），依序旋轉三次。

口誦真言，觀想由手印流出熾焰，與前之地結相應，道場變成金剛堅固城，諸魔、惡人、虎狼、毒蟲等皆不能接近。

[真言]
唵(1)薩羅薩羅(2)嚩日羅缽羅迦羅(3)吽(4)發吒(5)

om(1)sara-sara 堅固極堅固(2)vajra-prakara 金剛牆(3)hum 種子(4)phat 摧破(5)

八、道場觀：

其觀法隨本尊而異。如《秘密真言法要彙聚》謂：「此為道場莊嚴法之一，道場即曼荼羅。觀一切十界皆集於一曼陀羅、即器界、樓閣、蓮華、月輪、種子、主尊等，皆週遍。欠（ｘ）字之青光空輪，憾（ｘ）字之黑光風輪，覽字之赤光火輪，鍐（ｘ）字之白光水輪，暗（ｘ）字之黃光地輪，鉢羅（ｘ）字之金龜，蘇（ｘ）字之須彌山，欠（ｘ）字之七金山大小鐵圍山，紇利（ｘ）字之八葉蓮華，噁（ｘ）字廣大宮殿，紇利（ｘ）字之蓮台，阿（ｘ）字之滿月輪，鍐（ｘ）字之法界塔婆，塔婆之變為大日等順觀。」

道場觀有廣、中、略三種。廣觀：具觀器界、樓閣、曼荼羅。中觀：觀樓閣、曼荼羅。略觀：唯觀曼荼羅。器界觀者，建立本尊道場時，建立其所住器世間。樓閣觀者，觀想本尊所住樓閣。曼荼羅觀者，觀想本尊及眷屬。器界觀，亦有金剛界、胎藏界、

及通途三種。曼荼羅觀，有全曼荼羅觀、唯本尊觀兩種。細別之，亦分數種。今示廣觀之一例，其法觀世界下方有欠（狀）字，放青色光，變作空輪，其形團。其上有憾（㤭）字，放黑色光，變作風輪，其形半月。其上有覽（狀）字，放赤色光，變作火輪，其形三角。其上鑁（狀）字，變作水輪，其形圓。其上有暗（狀）字，放黃色光，變作地輪，其形方。其上有大海八功德水。其上有鉢羅（狀），變作金龜。其上有蘇（狀）字，變作須彌山。此山八角，四寶所成（以上器界觀）。須彌山上，有紇利（狀）字，變作八葉大蓮華。其上有惡（狀：）字，變作五峰八柱廣大宮殿（以上樓閣觀）。其中央有紇哩（狀）字，變作蓮華台。台上有阿（狀）字，變作滿月輪。上有鑁（狀）字，變作五大所成法界塔婆。塔婆變作大日如來，身相白色，戴五智寶冠，結跏趺坐，住大智拳印，背後有圓光，萬德莊嚴，具足圓滿。從如來頂上，放白色光明，遍照十方世界一切眾生，拔苦與樂。四佛，四波羅密，十六大菩薩，八供

四攝菩薩，賢劫十六尊，外金剛部二十天，乃至無量無數菩薩聖眾，前後圍繞（以上曼荼羅觀）。

如來拳印是左手作蓮華拳，即握食指以下的四指，以大指壓食指中節。右手作金剛拳，以中指、無名指、小指握大指，以食指壓大指甲。豎起左手蓮華拳的大指，以右拳小指淺握左拳大指。

口誦「淨土變」真言，為大日如來法報應三身真言，有三身淨土義，觀後印七處，即左膝、壇中、右膝、心、額、喉、頂。

[真言]
唵(1)部(2)亢(3)

om(1)bhuh(2)kham(3)

九、大虛空藏：

結大虛空藏菩薩印。觀想從印流出周遍法界廣大供養雲，供養前道場觀本尊海會，即誦大虛空藏真言。由此印及真言加持力故，所想供養具，皆成真實，一切聖眾，皆得受用。

雙手虛心合掌，外縛二中指，彎曲二頭指成寶形，並排二大指。

口誦真言，觀想由手印出現諸供養資具等。

[真言]
唵(1)誐誐曩三婆嚩嚩日囉(2)斛(3)

om(1)gagana-sambhava-vajra 虛空生金剛(2)hoh(3)

十、送車輅:

結寶車輅印,誦送車輅真言,觀想成七寶莊嚴車輅,金剛駕御,乘空而去,至於本尊世界。

寶車輅印,又稱作送車輅印,即雙手內縛仰起,二食指伸直指的下紋,唸誦真言,外縛二大指。

[真言]
唵(1)覩嚕覩嚕(2)吽(3)

om(1)turu turu 車音(2)hum(3)

十一、請車輅:

誦請車輅真言,觀想本尊及諸聖眾,乘寶車輅,來至道場,住虛空中。

結寶車輅印(前印),誦真言以二大指壓二中指指尖三次(召請的動作)。

[真言]
曩莫悉底哩耶地尾迦南(1)怛他蘗跢南(2)唵
(3)嚩日朗似娘迦囉灑耶(4)娑嚩訶(5)

namas 皈命try-adhvikanam 三世(1)
tathagatanam 諸如來(2)om(3)vajraguy
akarsaya 金剛火召請(4)svaha(5)

十二、迎請：

結迎請聖眾印，誦迎請真言，由此真言印
加持故，本尊不越本誓，降至於道場，並無
量俱胝大菩薩眾，受行者供養。

迎「佛部」為佛部心三昧耶印，雙手內縛二大
指並如鉤做三度來去（豎立三次）。迎「蓮部」
為蓮部心三昧耶印，雙手內縛豎立右大指做
三度來去（豎立三次）。迎「金部」為金剛部
心三昧耶印，雙手內縛豎立左大指做三度來
去（豎立三次）。迎「明王部或天部」為大鉤
召印，內縛伸右風三誦三鉤（豎立三次）。

口誦真言，觀想本尊不捨悲願，來此三摩
地所成之淨土。

[真言：佛部]
唵(1)爾曩爾迦(2)曳系醯皿(3)娑婆賀(4)

om(1)jina jik 勝利者(2)ehehi 召請(3)
svaha(4)

[真言：蓮部]
唵(1)阿嚧力迦(2)瞖醯吶(3)娑嚩訶(4)

om(1)alolik 無染無著(2)ehyehi 召請(3)
svaha(4)

[真言：金剛部]
唵(1)縛日羅地力迦(2)曳系醯皿(3)娑婆賀(4)
Om (1)vajra dhrk 金剛尊(2)ehehi 召請(3)
svaha(4)

[真言：明王部或天部]
曩莫三曼多沒多南(1)阿薩嚩多羅鉢羅底婆
帝(2)怛他誐多具舍(3)母底洒里耶波里謨羅
迦(4)曳系醯皿(5)弱吽鎫斛(6)娑婆賀(7)

Namah samanta-buddhanam 皈命普遍諸
佛(1)ah sarvatra-apratihata 一切處無礙
(2)tathagata-ankusa 如來鉤召(3)bodhi-
carya-paripuraka 菩提行圓滿(4)ehehi 召
請(5)Jah hum bam hoh 金剛鉤金剛索金
剛鎖金剛鈴(6)svaha(7)

十三、部主結界：

結當部明王印，誦當部明王真言：佛部用
「不動明王」、蓮部用「馬頭明王」、金剛部
用「降三世明王」。以印左轉三匝，辟除一
切諸魔；以印右旋三匝，即成堅固大界。

部主結界印，又稱部主結界印：

不動明王結界印：劍印，入左鞘，次出劍，鞘按胸。

馬頭明王結界印：雙手虛心合掌，彎曲二食指、二無名指的第二節，二小指並立。並立二大指，從二食指離開，做如馬口形。

降三世明王結界印：兩拳背合，二地相懸，鈎二風伸展。

口誦真言，觀想辟除一切諸魔，成堅固火界。

[真言：不動明王]
曩莫(1)三曼多嚩日羅曇扇多(2)摩訶路斫多
(3)娑婆多耶吽(4)怛羅多憾漫(5)

Namo 歸命(1)samanta vajra-nam canda
普遍金剛諸不動明王(2)maha rosama 大忿
怒者(3)spotaya hum 恐怖摧破(4)trat ham
mam 忿怒聖語(5)

[真言：馬頭明王]
唵(1)阿蜜裡都納皤嚩(2)吽(3)發吒(4)娑嚩訶
(5)

om(1)amrtodbhava 甘露發生(2)hum 種子
(3)phat 摧破(4)svaha(5)

[真言：降三世明王]
唵(1)桑婆你桑婆吽(2)誐里訶多誐里訶多吽
(3)誐里訶多婆耶吽(4)阿曩耶斛斛婆誐梵縛
日羅吽發吒(5)

Om(1)sumbha nisumbha hum 降三世降三世破(2)**grhna grhna hum** 捕捉捕捉破(3)**grhnapaya hum** 捕捉行去破(4)**anaya ho bhagavan vajra hum phat** 捉來呼世尊金剛破(5)

十四、金剛網：

結上方金剛網印，誦網界真言，由此真言印加持力故，即於上方覆以金剛堅固之網，乃至他化諸天，不能障難。

金剛網印，又稱虛空網印。準地結印，以二大指捻二頭指之下的紋，向右三轉。

口誦真言，觀想由此加持協和，他化自在諸天亦不能障難，行者身心安樂，成就三摩地。

[真言]
唵(1)尾娑普羅捺(2)落乞叉(3)嚩日羅半惹羅
(4)吽(5)發吒(6)

om(1)visphurad 遍(2)raksa 擁護(3)vajra-
panjara 金剛網(4)hum 種子(5)phat 摧破
(6)

十五、火院:

結金剛火院界印,誦火院真言,觀想從印
流出火焰,以印右旋三匝,則於金剛牆外,
便有火院圍繞,即成堅固清淨火界。

金剛炎印,又稱金剛火院印,或火院印。即
以左掌靠右手背上,二大指的面相對,直
立成三角形,其他八指散開。

[真言]
唵(1)阿三莽擬你(2)吽(3)發吒(4)

om(1)asamagne 無等火(2)hum 種子(3)
phat 摧破(4)

十六、閼伽:

結獻閼伽香水真言印,誦閼伽真言,以二
手捧閼伽器,當額奉獻,想浴聖眾雙足。

以二手捧閼伽器,口誦真言。觀想獻此閼
伽水,行者三業得清淨。

[真言]
南麼(1)三曼多勃馱喃(2)伽伽娜三摩三摩(3)
娑嚩訶(4)

namah 皈命(1)samanta-buddhanam 普遍
諸佛(2)gagana-samasama 虛空等無等(3)
svaha(4)

十七、蓮華座：

結獻蓮華座印，誦華座真言，觀想從印流出無量金剛蓮華，一切聖眾，各皆得此金剛蓮華座。

此印雖與蓮華部三昧耶印相同，但稍微彎曲指尖。

口誦真言，觀想由此印流出無量金剛蓮華，一切聖眾坐蓮華上。

[真言]
唵(1)迦麼攞(2)娑嚩訶(3)

om(1)kamala 蓮華座(2)svaha(3)

十八、普供養：

結普供養印，誦普供養真言，觀想無量無邊塗香雲海，華鬘雲海，燒香雲海，飯食燈明等雲海，皆成清淨廣多供養，普供養而住。此普供養中，有「振鈴、塗香、華鬘、燒香、飯食、燈明、贊、普供」等八目。先理供後事供。

金剛合掌，二食指指尖相觸如寶形，二拇指並立。

口誦真言，觀想無量無邊的塗香、華鬘、燒香、飲食、燈明等皆清淨，廣多普供養。才誦一遍，則成一切如來集會及無邊微塵剎土中，雨無量廣大供養，獲得無量福壽，猶如虛空無有邊際，世世生一切如來大集會中蓮華化生，得五神通。

[真言]

唵(1)阿謨迦(2)布惹(3)摩尼(4)跛納摩(5)縛
日隸(6)怛他蘗多(7)尾路枳帝(8)三滿多(9)缽
羅薩羅(10)吽(11)

om(1)amogha 不空(2)puja 供養(3)mani
寶珠(4)padma 蓮華(5)vajre 金剛(6)
tathagata 如來(7)vilokite 觀(8)samanta
普遍(9)prasara 舒展(10)hum(11)

次金合，三力偈，次祈願，次禮佛。次入我
我入，次本尊加持，根本印言及心印言，
次念珠加持、正念誦、字輪觀、散念誦。次
後供養，先理供、次事供：一塗、二花、三
食、四燈、五閼伽。次後鈴、次讚、次普供
養、次三力、次小祈願、次禮佛、次迴向、
次至心迴向。次解界（1、大三摩耶。2、
火院。3、空網。4、結護。5、牆。6、地
界）。次撥遣、次三部、被甲護身，次禮佛、
次出度。

以上是十八道之構造。但其中前段還有表白、神分、五悔散念誦中之佛眼，及其他諸尊真言後段有結願等法。

第二部

正純密教的發展與價值之探討研究

緣起

秘密佛教,略稱密教。在歐美等海外學者,稱為秘密的佛教、或佛教中之秘教。其中的正純密教,是指由印度傳入中國,經由日本而在日本予以組織化的真言密教、或天台密教。其淵源於第八世紀初期的印度,以其繁榮的初、中期之密教為基礎,其中含蘊著對治顯教的教判意義。

又外國學者所謂的金剛乘或怛特羅Tantra佛教、藏密,又稱左道密教,乃將人的性行為置於最重要位置,是第八世紀以後在印度發展之後期密教。

外國學者研究密教，基本上是忽視正純密教（傳入中國之印度中期密教）的重要資料。他們研究對象多以初期印度密教梵文「陀羅尼經典」及以西藏為中心所譯的後期印度密教為主。

在日本，後期的印度密教並沒有流傳。明治以後，歐洲之佛教研究被介紹以來：後期之印度密教，則以左道密教而被拒絕。

所以一言密教，在日本與其他國家，其觀點都不盡相同，其研究對象亦異；故對兩者的綜合性密教歷史的研究，至今猶未見之。

密教流入中國以至日本已有一千餘年以上，對其發展與價值之探討研究，以時代而言，是非常必要的。然事非容易，因為密教含有秘密的基本因素及實修規則，對於密教經典或儀軌，若無視實修規定，而另闢門路去研究密教，是絕對無法真正的顯示密教的內涵。所以，要將密教中的密教要素

置於宗教性的立場而正當的加以評價，將
密教儀軌的準則，實修法之意義，以真修
實證的具體經驗觀點來分析解明，是今後
研究密教的必須途徑。

密教之母體怛特羅Tantra

公元前一千年乃至千五百年之間，印度已
有「吠陀Veda」之四本著作，吠陀神話的諸
神大部份都是印度阿利安族起源之物，其
中亦有印度先進民族所推測的神在內。

及後在《梨俱吠陀》Rigveda中，所有神祇更
大為發展，或有由風土習俗之神，變容而
結合者。後來，由演變而攝入密教「曼荼羅」
中亦不少。諸如帝釋天、水天、火天、月
天、風天，都是密教「曼荼羅」中亦具代表
性的神祇。密教之真言，可以說是從《梨俱
吠陀》咒為其雛型。

在古印度，其宗教儀體和咒法是不可分的，都是達成願望的手段，無論吠陀之祭祀或咒法，其間都有密切關係，如奉獻梨俱吠陀諸神之明咒中，約有三十頌咒法及讚歌。觀其內容都是治病、退除怨敵、除害、祈雨、戰勝等等的咒文。

公元前一千年以降之後期吠陀時代，阿利安人與原土著民族漸次同化，這時阿利安文化與非阿利安之土著文化交流融合而結成《阿達婆吠陀》之本集。其對於咒文及咒法卻極為偏重。

《阿達婆吠陀》的咒術，有治病法、長壽法、增益法、贖罪法、和合法、女事法、調伏法、王事法、婆羅門法。當中以「息災」、「增益」等之幸運，與退除對敵之「調伏」咒文為其主流。

這種「息災」、「增益」、「調伏」之修法與密教之《蘇悉地經》或《大日經》系統之三種修法與名稱相同，內容亦同。在《金剛頂經》系統中則加入「敬愛」、「鈎召」而為密教「五種法」。

密教中之忿怒尊，可以視為攝自非阿利安之原土著文化。如五大明王則淵源於土著家族內的思想，其中金剛夜叉明王就與「引多斯」文明的母神像有密切的關係。又大元帥明王、毘沙門天王的前身，都具有山林母權社會之非阿利安人種之姿態的投影。

孔雀明王、龍王、蛇等也都有森林原住民族的影射名稱。而食血、食人肉，以蛇為腕輸，以人之頭蓋骨為飾物等，在在都具有受土著民族尊敬之母神特性。這些都不是印度阿利安族的起源，而這些特徵，後來皆被密教之母體「怛特羅Tantra」系之母神所攝取。

「怛特羅Tantra」分作左道派、右道派。左道派Vama意為女性，因在印度神話中女神總坐在男性神的左邊，左道指男人借助於女人進行修行，乃將人的性行為置於宗教最重要地位。另一種右道派為清淨修行，這說明了密教之母體「怛特羅Tantra」本身並不是單一的，而正純密教並沒有攝取「怛特羅Tantra」左道派之修法，這與後期發展之左道密教或藏密是有差異的。

由古印度入侵者阿利安族之吠陀文明，到融合印度土著（奴隸）民族神祇之後《黎俱吠陀》及《阿達婆吠陀》，到原始「怛特羅Tantra」系祈禱儀軌宗教活動，可以見到正純密教儀軌及修法之源頭。但要留意，儀軌修法乃至咒語雖類同，但正純密教卻賦予了它們密教「全一」的精神（以宇宙所有一切為真我內容而包容之）。以此為立足點，正純密教實不可與鬼神憑依之原始怛特羅Tantra相提並論。

佛陀前後的咒術

佛陀出世弘道時，極力改革舊有的宗教信仰，主張以徹底的自悟為依止，故禁止咒術及婆羅門之宗教儀軌，這亦是原始佛教的基本性格。（原始佛教中咒術一般雖然禁止，然對於護身的咒頌則默然認許之，這在巴利語佛典中可以窺見一斑。現今南方佛教團裡，就有二十九種的除災明咒，諸如除蛇害的鍵度咒、護身孔雀等）。

當時社會上民族之交流頻繁，社會發達，婆羅門教的傳統拘束力也正漸漸崩潰，加以佛教及六師外道（即今天所謂哲學家）的影響，可以說咒術的宗教儀體一般被予以否拒。

而在佛陀的教說中，稱究極之智慧為「明」，當中包括了利用各種學問、科學的智慧。大乘佛教更有「菩薩在五明處學」的論調及主張。後來大乘佛教中的密教發展裡，有

所謂「明咒」，乃發揮咒的智識功能，及其原始科學的意義。雖然真言密教咒術的樣式類同婆羅門教的傳統，但其根底是具有佛陀自內證的「全一」精神，故不失其確實究極之「明」的立場。故密教之咒即深關乎佛陀智慧的基本性格。

公元後，歐洲文明進入印度，佛教遂亦演化而具大乘思想，對於天文醫學、論理之學說大為興隆。此外，由於受到美術文明的輸入所影響，而開始雕刻純印度式的佛像。歷史發展的結果，卻使佛菩薩像的塑造與禮拜儀軌，密不可分。

二世紀前後，大概都在佛像前供以香花燈灼，並舉行陀羅尼念誦儀軌，其禮是攝取婆羅門儀式，而內涵則是佛教精神之莊嚴的禮拜法。

補充說明，南印度在公元前二世紀有安多羅王朝，大為保護婆羅門教，確立了純印度文化，佛教中大眾部系統亦極繁榮，遂成大乘佛教境地。初期大乘經典之一的般若經亦於這時成立，龍樹亦出生於南印度，後成為大乘八大宗王，又是真言密教的開祖（正純密教）。

公元前二世紀以至後二世紀，婆羅門勢力大張，對於社會文化宗教大力強調其教禮，阿利安文化自此包攝部族信仰與民間信仰而燦爛一時，而在都市民眾心底之土著思想亦漸而露出表面，遂使原阿利安民族之文化與非阿利安之原土著文化，自然混融而成為印度教。

大乘佛教亦因之受婆羅門教儀軌及印度教的民間信仰所影響，也出現了儀軌及咒術濃厚的神秘主義色彩。

本來陀羅尼在印度老早就是瑜伽修法之一的執持為其起源，用以統一精神及集中意志為目的。大乘佛教是取陀羅尼用於總持妄動之精神，以進入三昧之手段。

又陀羅尼可以看成經典內容之結晶，經與大乘經典之讀誦信仰互為交錯，即轉成為讚頌讀誦陀羅尼的功德，且多引入於大乘經典中。所以，佛教之明咒，有咒文與智慧二義。

如《般若經》中更大膽地說，般若波羅密之智慧即是大神咒，即是大明咒、無上咒、無等等咒。龍樹《大智度論》第五十八卷中有：外道為滿足眾生慾望而人人尊重咒術之語。但般若波羅密的咒是破諸多執著而得佛智，所以同是咒，佛教的咒是無上、無等等的咒云云。

總的來說，陀羅尼是構成密教的基本要素之一，亦在大乘佛教中有不可忽視的重要

性。真言密教之陀羅尼的特色是具有並包容大乘佛教的「全一」精神,而融匯於密教的儀軌之中。

密教經典組織成立之劃時代意義

七世紀至八世紀,雜密(以《大日經》與《金剛頂經》為基準之密教為純密,而以其他非組織的斷片密教為雜密)隆盛於印度及其周邊地域,當時大乘佛教中所孕育的陀羅尼、咒術、瑜伽觀法、宗教儀式等趨於組織化的總合機運亦漸臻成熟,而大乘佛教之神秘色彩,於此時期更加濃厚。

大乘佛教本來強調著神秘主義的傾向,然高度發達的大乘佛教哲學,被應用於獨自之實踐體系中而抽象化,徒將「佛」理想化,只以完美無缺之聖人,投影於彼岸。但愈理想化則吾人離佛愈遠,結果若不經大阿僧祇劫之無限時間積聚修行功德,便無法成佛。

相對於此，密教中那「突破世俗經驗所支配的現象世界而超越日常經驗」之「三摩地秘觀」，獲得般若智之中觀學派支持。由世俗之認識而轉換絕對智的唯識學派，都從密教「神秘的法身直觀」而通達目的。此時神秘的直觀內涵之密教實踐體系是大乘佛教不可或缺的一面，亦是大乘佛教必然之歸著點。

所以，這時所出現的諸多論師團體，在思想上雖分別依止中觀、唯識，或依中觀瑜伽行說，但在修法上，均從密教之修法以實踐其目的。故大乘佛教的思想，在其發展中都具有濃厚密教的特色。

由上述的意義下，《大日經》與《金剛頂經》組織體系之建立實是密教史上劃時代的一頁。於真言密教而言，以《大日經》與《金剛頂經》為基準之密教為純密，而以其他非組織的斷片密教為雜密。相對於西藏或印度的雜密經典即是《怛特羅》。

《大日經》、《金剛頂經》之密教為印度中期之密教，此等經典之前為初期密教，其後為後期密教。

由初期密教漸進於中期密教的立場，大概有著下述特色：初期密教是採取釋迦的説法形式，以轉禍為福之儀軌為主要中心，對於陀羅尼、印契、觀法之有機的關連性都沒有重大的注意與關注，曼荼羅還在形成的過程中。以《大日經》、《金剛頂經》為代表的中期密教卻是以毘盧遮那（大日如來：釋尊在宇宙秘密開扉之處説法，即法身在説法）為教主，以究竟成佛為主要目標，融合了大乘佛教思想與密教儀軌，更加重視身口意之三密相應，諸尊亦由一定的理念而攝入於曼荼羅的組織中。

大日經典與胎藏曼荼羅

《大日經》名謂《大毘盧遮那成佛神變加持經》成立於西印度。如佛預言般若經的流徑路說「舍利弗，如來滅後，般若波羅蜜當流布於南方，應從西方流布於北方」，《大日經》在那蘭陀寺中所組成之成份居多，是先傳於「阿將達」(Ajanta)或「那尸克」(Nasik)等巨多窟寺院的南印度地方為正純密教的根本經典漸被認出其價值，而於此石窟山處被眾人讚仰。繼而經由「不漏祇」(Broach)沿隊商過的道路，而於第七世紀後半期流傳到中印度或北印度。因此之故繼玄奘法師後往印度取經之無行法師乃得之而自己受持。而於無行法師死後即傳到中國。

因之把《大日經》介紹到中國來的，其實是以無行法師作為最初。開元十二年（西元724年）由善無畏三藏譯成中文，沙門一行為之記錄。全部由七卷組成。第一至第六卷之三十一品為中心經典。第七卷之五品則是其付屬儀軌。西藏譯的《大日經》直至九世紀才翻出。《大日經》中第一「住心品」敘述思想部份比較多。第二之「具緣品」以下都是記述曼荼羅、印契、真言、有關修道方面為其中心。

《大日經》第二之「具緣品」以下是以曼荼羅、印契、真言等角度去說明觀照第一「住心品」密教精神。密教精神是種個我活現於全一的精神。以所有一切為自己內容而包容之，不被其約束而「照」而「生」之，渾然而成一如之境地。

密教精神（個我活現於全一的精神）的表達工具，最根本仍是語言文字（《大日經》仍是由文字組成）。但依正純密教之獨特方法如實來表現，無論文字或現見的事象，就不祇是知性的記號而已，而是更予以標幟化、象徵化而賦予感情之喚起性或神秘性、無限性；通過這特殊化之感覺的事象其物，來表達傳遞密教精神。

這個象徵物，並不是自能表現所象徵的全盤內容。是透過象徵性來捉其一點，以之作為代表，同時以其他之一切為背景來暗示所包含之一切。令行者感悟了「全一」的內容，這就是密教表現方法的特質；是以普通之言語文字摘出一相、一義來代表某種定義，同時以其他一切為背景，以之暗示令行者自然味得「全一」的內容而默照之。

這種特殊化的言語文字予以體系化者，即正純密教之真言或陀羅尼。以世間普通之言語文字加以真言陀羅尼化、標幟化、象徵化，名曰「加持」。由此加持而使密教精神如實地表達出來。於《大日經》云：「何是真言道？」曰：「加持、書寫文字也。」

世間普通之言語文字與密教真言陀羅尼之差別在哪裡？世間普通之言語文字是傳達思想的知性工具，以一相一義為基礎。然而真言陀羅尼就不是如此，不重視言語的量，而重其質。祇擇其能如實象徵密教精神內容的特殊言語文字，用此特殊之言語文字意義為門，令眾生徹悟其義之深處，而掘入其內容，經由此所暗示之背景的無限性，使眾生感味把握體悟的全一的內涵。因此，世間之言語文字，一般稱為語文或文章，而密教則曰「真言或陀羅尼」。

正純密教精神的表達，不僅止於文字語言，而是以感覺的事象為本的。這事象是現實

的、具體的、個別的、有限的，且富有感情
之喚起性，於知解密教精神上言最為有效。

在靈山會上，釋尊為直截了當地傳達此正
法眼藏、涅槃妙心之端倪，拈了天華而微
笑。雖然只有迦葉會意，但是這拈花微笑，
就是釋尊之全身、妙心之全體，當體活現
的象徵。

無論是天華、蓮花或金剛杵等，以種種事
相直截了當地傳達真精神之真姿，都是屬
活現當體的表達。若人一旦能體得把握了
這密教精神，且欲明白表現之，他就可以
活現所有一切事物。於其事物中將全一精
神予以個體化、具體化、現實化，以此去示
現。所謂：「於證上融萬法。」即是凡世俗的
一切，不論多麼卑劣之事相，無一不是密
教精神的象徵資料。於現證上，都可以取
之、持之而令其淨化、神聖化。故云：「種
種世俗，悉為法界之標幟也。」

一切的事物加以淨化象徵的結果，密教就成立了佛像或曼荼羅以表達密教的精神。既將事相用來表達具體的密教精神，就要有形態或色彩施設的要求。這自然地就成為「美」的表現形式，在不知不覺中將其藝術化了，密教精神之表徵也因此成為密教藝術。

但這些密教藝術是以表彰密教精神為目的，不可當普通藝術品一般看待，僅祇於線條或表情的好壞上去鑑賞。這密教藝術，從某一觀點上看，其形式的施設，能夠完全地表現出密教真精神是不可或忘的。因此施設此等諸形式來表現出密教精神，才是密教藝術的使命。

然而所謂密教藝術或象徵，原都是密教精神的傳達方法或工具。這傳達物與領會者間，必須要有某點的了解及約束。也就是對佛像或象徵物，必須要尊重並了解其所象徵的意義。如佛像有「三面」是表示什麼呢？五股又象徵什麼？所以於二者間，必要有妥當的認識及約束。

這等佛像或象徵物，就是解開神秘之鍵。同時把握了這鍵，始能經由佛像或象徵物去通達密教精神。亦才能體認法身當體就是真我，而活現於「全一」。

此佛像或象徵物，確實是密教精神的活現根本。以本尊的立場言，必須聖視之，不許與普通藝術品同觀。

《金剛頂經》

《金剛頂經》與《大日經》是正純密教所依之
重要經典。中國所譯的《金剛頂經》有三本，
即金剛智譯之《金剛頂瑜伽中略出念誦經》
四卷，不空譯之《金剛頂一切如來真實攝大
乘現證大教王經》三卷，施護譯之《一切如
來真實攝大乘現證三昧大教王經》三十卷。
為十八場處所說的雜成經典。將有關連性
的儀軌、修道法等基本聖典，匯集為中心
而組織結構，以形成合攝相當分量之經軌
群，都是一般密教經典之流布狀態。這種
情況，不單是以《大日經》、《金剛頂經》為
限，就如後期密教所認定之無上瑜伽密教
「鬱多羅怛特羅」或「釋怛特羅」都是具有同
一演化的型態。

依東密傳統言之，密教是法身大日如來傳與金剛薩埵，次龍猛（龍樹），龍智而金剛智。這些傳承是依呂向之《金剛智三藏行記》為據的，但無法由其他資料來證實。唯七世紀時代，有龍猛、龍智阿闍梨之名，並有龍猛之啟示的密教行者的存在。以當時密教流行的狀態來看，上述的龍猛啟示的密教行者傳承是可能的。

於《金剛頂經義決》有云：「有大德開南天鐵塔，相承此秘密法門」。這決非歷史上的事實，但這又是怎樣的一回事呢？《金剛頂經》之初會名為一切如來真實攝教王。是大毘盧遮那如來對於一切義成就菩薩之質問，宣說其自悟如來性成就佛身之修道法，即五相成身觀的經典。並表示得到正覺地就是金剛界曼荼羅。

一切法都是大毘盧遮那如來的實相，是絕對者，亦是法身佛之功德相。為要表現這功德相的「神秘」，密教即以「塔婆」暨「制底」之形來象徵，有積聚或聚集之含義，表示「生」其物都是活現過去的一切、積聚功德行業於未來，永劫而聚集之。善無畏三藏將「制底」翻為福聚，意為「諸佛之一切功德在其中」。從此義可知，諸佛之功德，即是積聚或聚集所有一切物的法身之內容也。以塔婆或制底之形，來象徵功德聚的宇宙秘密，是靈之內在體驗的事實，是「生」當體之表現，所以此塔又名「心塔」。善無畏三藏說：「梵音之『制底』與『質多』是體同也，其中之秘密是名『心』，為佛塔。」

即基於此而言。為要開啟這宇宙秘密的心塔之扉，非先打破迷執「個我」為獨存性之物的妄見不可。打破妄執在《金剛頂略出經》中曰「開心」，或云「開心戶」。打破這層妄執，開放心戶，而貫通一切，無限絕對之靈的生命力才能流入。如同於密閉之房中開了窗戶，天地自然美景才能透入一樣，這叫「入智」或名「金剛徧入」。因為開了心戶而召入如金剛般永遠不滅之全一，所以叫「徧入」。

這「開心」與「金剛徧入」，即用印明來表示心塔開扉之實相。「初會之金剛頂經」等，則作為結一切印之通則，須先結此表示心塔開扉之印的「開心」與「金剛徧入」印。

真言密教在中國發展

在中國開元年間，善無畏三藏和金剛智三藏傳正純密教於中國。

善無畏三藏是東印度烏荼國之王子，年僅十三歲而即王位，大集國民一般之信望，諸兄嫉其能而起亂故，予以鎮定，但自己對於王位不屑留戀，遂讓其兄，身投佛門。時，印度那蘭陀寺有位達摩掬多，不但精通真言密教，已經得到秘密體驗，名聲嘖嘖之者，故三藏師事之得窮其蘊奧，時常受師之策勵，依之決志往中國開教，不顧已經八十歲之高齡，將秘密經卷積於駱駝之背，共商人隊取路於天山北路，開元四年始來到唐土。玄宗皇帝深為嘉勉，欸待厚遇無所不至，以國賓之禮遇待之，不但翻譯很多之秘密經典，殘留了幾多的功績，開元二十三年，九十九歲示寂。

其弟子有一行禪師，禪師從北宗禪之普寂
出家，研究禪兼學天台於弘景，特私淑於
弘景之高弟，繼承教學的惠真，既成一家。
善無畏，金剛智之兩三藏來唐同時師事於
其兩三藏學究密教，當善無畏三藏之《大日
經》翻譯時自當其筆受者，更追隨推究經之
深義，撰著《大日經疏》二十卷。

金剛智、不空與金剛頂經

龍智之弟子金剛智三藏，西曆第八世紀初
師事於龍智究學密教之蘊奧，於玄宗皇帝
之開元八年，攜了多的梵本由海路來唐，
在唐二十二年翻譯了《金剛頂經》等很多梵
本，盛施教化後，開元二十九年，以七十一
歲而遷化。

金剛智三藏之弟子不空三藏，身為玄宗、
肅宗、代宗三代之帝師，集宮廷百官之歸
仰，不但翻譯了自己請來之梵本五百餘部
秘密經典，更弘布真言密教於中國全域。

中國真言密教現出其黃金時代，乃全是不空三藏之力。傳此三藏之正統者，即是惠果和尚。

真言密教在日本發展

始傳此中國密教到日本之弘法大師，於大同元年十月由唐歸朝。到筑紫，隨即撰《請來錄》，將所請來之經卷及什麼是密教，奏聞朝廷。

弘法大師當時之日本佛教，已有俱舍、成實、法相、三論、律、華嚴等六宗林立於南都。在北嶺亦有新開創的天台宗，各個大張門戶互相爭論。介在其間的弘三去大師、欲傳此真言密教，若仍以「三乘教對密教」之教判法，是無法屈服華嚴及天台之一乘教學者、決不能樹立密教之新教幢。此時，弘法大師即把華、天兩一乘教併入。日本南都之法相宗及三論宗宣說經遠劫以成佛。而真言密教倡「即身成佛」之宗義。宣說「龍

女成佛」及理論化之「疾得成佛」的天台宗及華嚴宗，始終僅提及理論。而未說及實踐方法。大師以「恰如跛驢」而叱責之，謂其不過是入真言道之初門。以此即身成佛之理論，與其實踐方法之三摩地秘觀並現之處，真言密教才有其優越性，這亦是密教最極力強調的。

弘法大師著有《十住心教判》，來對顯教中之各個宗教，予以詳細具體的檢討其得失，並顯出密教之殊勝立場和特質是什麼。（判教是把本宗及餘他之宗教，看成各個佛教分別階段式來論，並予以巨細靡遺的審查之、差別之。）

「法身說法」之象徵性。真言密教與其他顯教最大的差異在於以「法身說法」為其基本。這是一種象徵性，代表其教法以「無限絕對」為其力點，此天地間所有存在的一切事物，彼此相涉關聯而活現於全一整體；不捨個自之立場，自己建立世界；各以宇宙一切

為背景，一刻一瞬地活現於無限絕對體驗之教。

人、法，各個都是絕對、無限。弘法大師說：「人法者，法爾也。何曾有其廢，機根絕絕也，正像何分。」言人、言法，其各個都是絕對的、無限的。沒有「機根」上下區別，亦無正、像、末之時分。從而其末法更沒有上根、下根之適與不適。亦無正法、像法有效驗，而末法之今日已無效驗之別。通正、像、末而互上、中、下一切機根，一切時、一切處、一切人，都能適然相應，此乃是真言密教也。因此「若能信修，不論男、女皆人也，不簡貴、賤悉皆此器也。」又「明暗無他，信修忽證。」

第三部

「禪淨密之融合」六日談
第一日談　密教與淨土教之淨土觀

專求往生淨土的宗為淨土宗

淨土思想並不存在於小乘佛教中，而發展於大乘佛教。當中包括藥師淨土、彌勒淨土或彌陀淨土等，此專求往生淨土的宗為淨土宗，其範圍是極廣泛的。但現在所謂淨土宗，即指以願生阿彌陀如來之西方極樂淨土為主之宗。

何故淨土宗特別強調西方極樂淨土呢？徵之於經，這極樂世界之教主阿彌陀如來之願力大而殊廣，攝取力勝，與生於五濁惡世之末法眾生緣特別親，最容易往生故也。

建設淨土與淨土往生思想淨土乃菩薩基於
自己修行之行願，信有成佛之可能，於成
佛之際同時建設完成之理想國家。於其中
已完全達成了一切之誓願，所謂淨佛國土、
成就眾生的誓願。此見諸於種種大乘經典
中多有說及：諸佛依種種角度，去建設種
種淨土的思想，而此理想國家的實現欲求
熾盛，於將來擬建設之理想國家的思想。
由此一轉，而成諸佛已成道，在當即實現
之種種淨土，各個去攝引一切眾生的思想。
一切眾生發願，願生此淨土，乃至生起所
謂淨土往生的思想。

密教與淨土教之淨土觀

將淨土思想大別之，即是自將建設淨土之淨佛國土思想，與願生已經被建設完整之淨土，即淨土往生等二種。而前者即屬密教之淨土觀，後者屬淨土教之淨土觀。

於密教並非沒說西方極樂淨土，此淨土於密教中不出大日如來之蓮華藏世界。《秘藏記》云：「此華藏世界最上妙樂在此中，故名極樂。」從密教之見地來說，西方極樂淨土教主阿彌陀佛，即是大日如來之一德，為一方之佛。言西方十萬億佛土不外標示十萬億之功德所莊嚴的國土。以此「西方十萬億國土外之彼方的實在世界」為觀念或作觀照的世界，乃密教淨土之特質。

第二日談　密教不認淨土教的末法思想

往生淨土思想與末法思想

此往生淨土思想於印度成立時，恐帶有末
法思想甚濃。中國北齊時代，此末法思想
非常盛行，同時醉心於此法者亦輩出。特
別是唐之道綽乃至善導，主張時教相應為
要。正法像法時代已過，今日乃末法之世，
眾生根機漸次低下，成佛之行證到底是很
難的。故需要信受，對誰人而言，都易相
應、易入、易行之末法之教法，而鼓吹往生
已現成實在之西方極樂淨土。

往生淨土思想與稱名念佛

中國之善導大師對於《無量壽經》中「乃至十
念」之文解為稱名念佛。認為諸種念佛中，
此稱名念佛最易行。因而加以盛大鼓吹勸
說，說此稱名念佛為淨土往生之正因、正
行，其他皆是助業不過是輔行而已。

日本之淨土教，亦是繼承此善導大師的稱名念佛思想，認稱名念佛為極樂往生之正因、正行。及後親鸞聖人開創「信心決定、平生業成」之淨土真宗，宣說「興起念佛之心時，我們已經得救了」，就是身心都與阿彌陀佛成為了一體，並肩同行。

密教不認淨土教的末法思想

然於真言密教，如弘法大師說：「人法是法爾也，何時興廢機根絕絕，正像何分？」完全立腳於常恆現在之主義上，不認淨土教那般的末法思想。對於西方極樂國土其看法亦異，此密教為觀照之淨土，己心之淨土「三昧之法佛，本具我心，乃至安樂、覩史、本來胸中」。

密教觀照：只借圖像，開示令悟

善無畏三藏言：「此如來秘傳，不在翰墨所表，故寄意於圖像以示行人，若欲得奧義，自當默識而已。」

弘法大師自此傳承了這師資面授的心印：「秘藏深玄，不載於翰墨，只借圖像，開示令悟。但於經疏中秘略之，祇寓意於圖像中。圖像所示的種種威儀、種種手印，是諸佛菩薩大悲心的流露，瞻仰敬禮者，可以成佛。密藏真諦在此，如棄去傳法、受法，何求？」又言：「秘藏之奧旨不以得文為貴，只以心傳心者。」

第三日談　從「稱名念佛」到密教之「絕對念誦」

稱名念佛與「一道無為心」

大眾化、通俗化、形式化之善導系淨土教，可以看做機械式之稱名念佛。力說依此而能往西方十萬億佛土外之極樂世界，以恣躭於自己欲樂者，似乎有利己主義之嫌，恰如印度之生天教或中國之道教。但依教門的施設者善導大師之精神來看，依此稱名念佛而捨去小我之根及「計執心」，淨心一意追隨阿彌陀如來的境地。此善導系之淨土教，可以攝於真言密教「十住心」判教的第八住心之「一道無為心」（離能作、所作對立，體驗一如之心）了。

密教真言陀羅尼之念持於心

淨土法門之稱名念佛，是念聲互相融合，不思考所念者是什麼意義，而祇連續地去唱念。依此，心自然能統一平靜、離去所有分別、反省之垢穢，浸入一種獨特之神秘感。在此種心理的基礎上，才成立了稱名念佛之法門。

真言陀羅尼中，亦有以無義為義的念誦法，這些不外是為要統一心神，體驗一種神秘感的方法而已。假使真言陀羅尼具有意義亦不去解釋，只令反覆口誦，其結果完全與淨土教之稱名念佛境地相同。因此，一般顯教中，於真言為五不翻之一。

密教念誦亦有如稱名念佛一般，可以止散亂心於佛名之上。但是密教念誦的目標是統一心神，發出觀智，體認全一之真我為目的。於正純密教之立場，念誦真言陀羅尼不單是浸入其神秘感為目的，必依此來

發現生命體之法身佛是全一之物，同時顯現於各個之上，不斷地生成。無論那個都活現剎那於永遠之境地。正純密教念誦是為此思念觀想之目的來設的，其重點是「念持於心」。

密教之「絕對念誦」

超越此世間念誦之能所、對立，自身住於本尊瑜伽，以宇宙遍滿之全一本尊當體，表現於行者全身，具足三十二相、八十種好。口所出之真言實義表現本來不生之全一實相，內外一切諸法，無一不是本不生之實相。自身本尊亦是本來不生實相之當體，這種觀法名「絕對念誦」，又名「出世間念誦」。依此念誦故，假如念誦真言遍數不多，供養資具不全，亦會速成出世間體驗，悉地圓滿成就。

第四日談　禪

大、小乘教，都以禪為中心

「禪」是梵語「禪那」之簡稱，通常譯為「靜慮」。即靜止散亂心；或云念慮，心住一境。又禪那與三摩地同義，三摩地譯為「定」，禪那與三摩地合稱為「禪定」。

「禪定」完全是印度宗教共通的特質。單以佛教來說，不論大、小乘教，都以此為中心思想。

於佛教中，禪隨時代而遷變，漸漸地形式化而失去其精神，變成文字禪或外道禪。當時，專為把握自心真相，直接觸到實相的活現當體為目的而施設者，即所謂以「教外別傳，不立文字，直指人心，見性成佛」為基本，而為中國佛教開闢了另一新天地者，即是後來另立一派之「達摩禪」。

中國禪宗是無相禪

爾後，菩提達摩入中國，為中國禪宗初祖，經慧可、僧璨等至六祖惠能。惠能之下又出有南嶽懷讓與青原行思兩祖。南嶽系統傳至臨濟禪師為臨濟宗之初祖；青原系經五代而至洞山良介禪師為曹洞宗之初祖。

臨濟宗、曹洞宗都是屬南頓禪之系統，是希望把握活現當體之姿而去探究一心之實相，一方法之禪悉皆是無相禪。《傳心法要》説：「動念即乖」或「學道之人若不能直下無心，累劫修行，終不成道。」如此徹頭徹尾以無念無想為基調。

但真言宗之密教禪是不懼起心動念，而以善念或正念，集中於事物對境之上，專念堅持而達到究竟為特質。如觀月輪、或蓮花、或金剛杵一樣。

秘密禪與達摩禪

為使無念無想為基調之達摩禪者，明白秘
密禪之妙諦，唐朝善無畏三藏《無畏禪要》
說：「初學之人多恐起心動念，專以無念為
究竟而絕追求。凡念有善念與不善念二者，
不善之妄念要止，善法之念決不可滅。要
真正修行者增修正念，非至究竟清淨不可。
如人學射久習純熟，念念努力，常於行住
俱定，起心不壓不畏，思慮進學有虧。」

依此，可以明白，此《無畏禪要》之秘密禪
與達摩禪之無相禪不相同處，是正念集中
於境的有相禪。又從其學射的譬喻上看，
與漸漸積聚修行之功能，漸次到達悟境之
神秀北宗禪，有類似之處。

第五日談　秘密禪與南宗禪

南頓北漸

南頓北漸同是第五祖弘忍（六三四~七一二）
之門下。其北宗禪之神秀以《楞伽經》中之
「漸淨非頓，如菴羅果漸熟非頓」為基，基
此「漸漸修學必到成佛」為主眼。反之，南
宗禪之祖惠能（六三八~七一三）是以《楞伽
經》中：「明鏡頓現、日月頓照、藏識頓知、
法佛頓輝。」的「四頓列」；或依《金剛經》不
經修行過程力說直觀地、瞬間地、到達證
悟境界。但是，無論如何，南宗禪強調頓
悟，絕非否拒修行或準備。

依密教之事理不二、物心一如之見地，都
以其事物當體直即為生命的存在，為全的
法身或法界觀其真我之姿態，此處才能潛
入深奧的密教學背景。

秘密禪與南宗禪

臨濟宗、曹洞宗、黃檗宗都是屬南頓禪之系統，是希望把握活現當體之姿而去探究一心之實相，一方法之禪悉皆是無相禪。

《無畏禪要》裡有描寫禪經驗之真相：「於修禪觀，觸著某契機，瞬間恰如雷光，現出身心脫落之悟境。而此是暫時即滅，故云剎那心。體驗此之後，念念加功，如水流相續曰流注心。更積此功不息，靈然明徹，覺身心輕泰，至翫昧其境，此曰甜美心。依此離去起伏隱顯心之動亂，曰攉散心。離此散亂心，無染無著，達到鑒達圓明之境地，曰明鏡心。」

南宗禪之頓悟，不出剎那心

南宗禪之頓悟，不出此禪經驗之五種過程
的剎那心。昔所謂「見惑頓斷如割石」的境
地，恐亦不出此之範圍呢！黃檗大師云：「大
悟十八遍，小悟不知其數。」由此看來，南
宗禪之頓悟雖言瞬間性，亦是有返操修鍊
之必要。

《大日經》開頭就以「住心品」從密教立場安
住心神，亦即是明示安心要領。強調此等
同於彼禪宗的「識此心，見此心，得此心，
捉此心。」

禪宗該當三論宗來説明

弘法大師「十住心」之第七住心即該當三論宗來説明:「心王自在,而得本性之水;心數之客塵息動濁之波;乃至悟心性之不生,知境智之不異。」等字裡行間看,實有暗示此達摩禪之思想。

要之,禪宗雖言教外別傳,不立文字,亦並非完全不用文字,只是針對激情止念而到達悟境上説此而已。於真言密教之立場看此「遮遣迷情以拂外塵」為專一之旨,不出三論宗之境地了。

第六日談　總結「禪淨密之融合」

禪宗安心法

吾人常為感情或慾念所搖，為此所歪，而映出不安或煩惱了。為要斷滅根源，佛即教與人「心正」，「安心於一處」的方法。此就是「禪」或「止觀」也。

但是佛滅後，安心方法漸失去其精神，佛教遂成形骸化。只誇高遠之哲理，而變成學解佛教的盛行。中國佛教又魅此風潮，失去生氣。當時由印度來了一位求那跋陀羅（三九四~四六八），他是《楞伽經》之翻譯者。而彼時之中國學僧學「佛道」，而又徒重名譽，歪於嫉妒心，為此心不安靜。求那跋陀羅因而嘆說：「若要成佛，先學安心」，或「學大乘者，先無學安心，定知有誤」等，而力說安心為重要之科目。

禪宗安心法：心統一於內

後來，達摩渡來，欲傳此安心法，但悉為學解之徒所囚，受彼等誹議，終於入嵩山面壁。當時只有道育、慧可二人心服達摩，互經數載之時間，虔敬而事奉養。達摩被其精誠所感，誨以真法，此即大乘（禪宗）安心之法也。

此大乘（禪宗）安心法是《金剛三昧經》所謂「人心神安坐，令心常安泰。」者，達摩把此安心法稱為壁觀。壁觀者「面壁，令人不見其處。」如此面對牆壁，外息諸緣，心統一於內也。此識本心也，見心也、得心也、捉心之道也。

禪宗四祖道信之安心法與善導大師之念佛

禪宗之第四祖道信（五八〇~六五一）對安心法與念佛之關係云：「念佛心相續，忽而澄清，更不緣念，乃至念佛即念心，求心即求

佛。所以無形無識，至佛無相貌，知此道
理，此即安心也。」

依道信之立場去活用淨土法門者，可說是
唐朝之善導大師（六一三~六八一），他在其
《往生禮懺偈》前序中以「今欲勸人往生，未
知如何安心、起行、作業，定能往生其國」
作問，答云：「無雜任何疑惑心，以『至誠心』
為本。心專注於極樂淨土，由心之深處憧
於生彼，所謂起『深心』。見何，聞何，悉
皆迴向往生極樂；無論如何都要往生其國；
發願要見其國之主阿彌陀佛，所謂起盛大
迴向『發願心』，依此必能往生淨土。如斯
具此三心必能安心。」

依禪宗道信之安心立場去稱名念佛，強調
無常迅速，生死事大，同時心要常以往生
淨土為主要目標。此等淨土安心思想風靡
於當代，刺激了當時之人心。

總結禪淨密之融合

經云：「諸有眾生，聞其名號，信心歡喜，乃至一念，至心迴向，願生彼國，即得往生，住不退轉。」

又云：「具足十念，稱南無阿彌陀佛，稱佛名故，於念念中，除八十億劫生死之罪，乃至得往生極樂世界。」

此稱名念佛與真言念誦相似。《大日經疏》云：「一切有情常有我相種種煩惱，才若念真言（真如理言，亦即四句偈），我相即除，此為希有，亦甚希奇也！」

念佛與持咒，作為一種修禪，已經打破傳統以靜坐訓練禪定的界限，讓每一刻都能禪修。

附 錄 一
悟光大阿闍梨略傳

附錄一

悟光大阿闍梨略傳

悟光上師又號全妙大師，俗姓鄭，台灣省高雄縣人，生於一九一八年十二月五日。生有異稟：臍帶纏頂如懸念珠；降誕不久即能促膝盤坐若入定狀，其與佛有緣，實慧根夙備者也。

師生於虔敬信仰之家庭。幼學時即聰慧過人，並精於美術工藝。及長，因學宮廟建築設計，繼而鑽研丹道經籍，飽覽道書經典數百卷；又習道家煉丹辟穀、養生靜坐之功。其後，遍歷各地，訪師問道，隨船遠至內地、南洋諸邦，行腳所次，雖習得仙宗秘術，然深覺不足以普化濟世，遂由道皈入佛門。

師初於一九五三年二月，剃度皈依，改習禪學，師力慕高遠，志切宏博，雖閱藏數載，遍訪禪師，尤以為未足。

其後專習藏密，閉關修持於大智山（高雄縣六龜鄉），持咒精進不已，澈悟金剛密教真言，感應良多，嘗感悟得飛蝶應集，瀰空蔽日。深體世事擾攘不安，災禍迭增無已，密教普化救世之時機將屆，遂發心廣宏佛法，以救度眾生。

師於閉關靜閱大正藏密教部之時，知有絕傳於中國（指唐武宗之滅佛）之真言宗，已流佈日本達千餘年，外人多不得傳。（因日人將之視若國寶珍秘，自詡歷來遭逢多次兵禍劫難，仍得屹立富強於世，端賴此法，故絕不輕傳外人）。期間台灣頗多高士欲赴日習法，國外亦有慕道趨求者，皆不得其門或未獲其奧而中輟。師愧感國人未能得道傳法利國福民，而使此久已垂絕之珍秘密法流落異域，殊覺歎惋，故發心親

往日本求法，欲得其傳承血脈而歸，遂於一九七一年六月東渡扶桑，逕往真言宗總本山——高野山金剛峰寺。

此山自古即為女禁之地，直至明治維新時始行解禁，然該宗在日本尚屬貴族佛教，非該寺師傳弟子，概不經傳。故師上山求法多次，悉被拒於門外，然師誓願堅定，不得傳承，決不卻步，在此期間，備嘗艱苦，依然修持不輟，時現其琉璃身，受該寺黑目大師之讚賞，並由其協助，始得入寺作旁聽生，因師植基深厚，未幾即准為正式弟子，入於本山門主中院流五十三世傳法宣雄和尚門下。學法期間，修習極其嚴厲，嘗於零下二十度之酷寒，一日修持達十八小時之久。不出一年，修畢一切儀軌，得授「傳法大阿闍梨灌頂」，遂為五十四世傳法人。綜計歷世以來，得此灌頂之外國僧人者，唯師一人矣。

師於一九七二年回台後，遂廣弘佛法，於
台南、高雄等地設立道場，傳法佈教，頗
收勸善濟世，教化人心之功效。師初習丹
道養生，繼修佛門大乘禪密與金剛藏密，
今又融入真言東密精髓，益見其佛養之深
奧，獨幟一方。一九七八年，因師弘法有
功，由大本山金剛峰寺之薦，經日本國家
宗教議員大會決議通過，加贈「大僧都」一
職，時於台南市舉行布達式，參與人士有
各界地方首長，教界耆老，弟子等百餘人，
儀式莊嚴崇隆，大眾傳播均相報導。又於
一九八三年，再加贈「小僧正」，並賜披紫
色衣。

師之為人平易近人，端方可敬，弘法救度，
不遺餘力，教法大有興盛之勢。為千秋萬
世億兆同胞之福祉，暨匡正世道人心免於
危亡之劫難，於高雄縣內門鄉永興村興建
真言宗大本山根本道場，作為弘法基地及
觀光聖地。師於開山期間，為弘法利生亦
奔走各地，先後又於台北、香港二地分別

設立了「光明王寺台北分院」、「光明王寺香港分院」。師自東瀛得法以來，重興密法、創設道場、設立規矩、著書立說、教育弟子等無不兼備。

師之承法直系真言宗中院流五十四世傳法。著有《上帝的選舉》、《禪的講話》等廿多部作品行世。佛教真言宗失傳於中國一千餘年後，大法重返吾國，此功此德，師之力也。

附 錄 二
悟 光 上 師
《一真法句淺說》手稿

附錄二　悟光上師《一真法句淺説》手稿

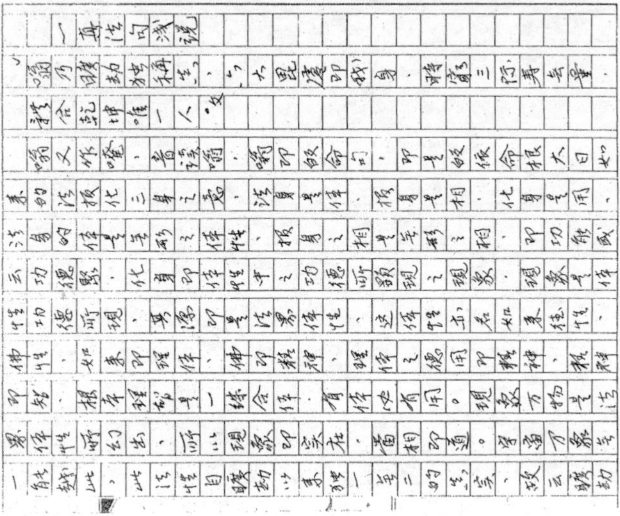

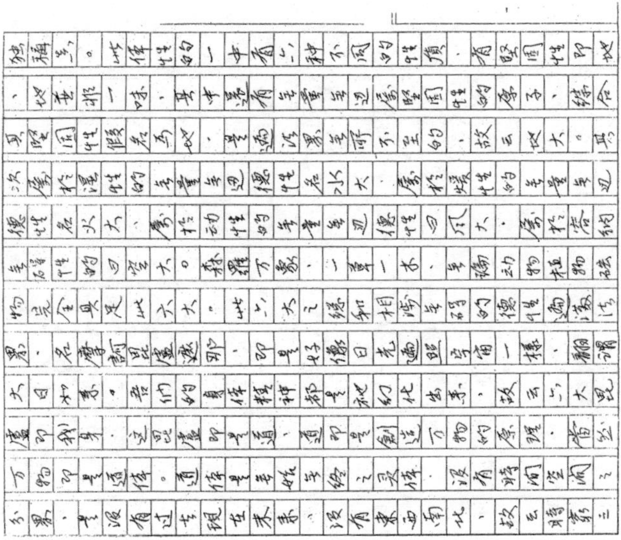

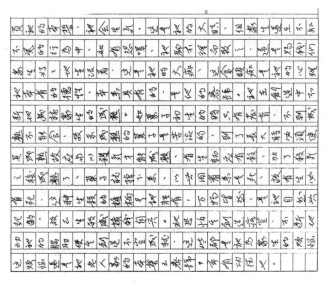

《一真法句淺說》悟光法師著

【全文】

嗡乃曠劫獨稱真，六大毘盧即我身，
時窮三際壽無量，體合乾坤唯一人。
虛空法界我獨步，森羅萬象造化根，
宇宙性命元靈祖，光被十方無故新。
隱顯莫測神最妙，璇轉日月貫古今，
貪瞋煩惱我密號，生殺威權我自興。
六道輪回戲三昧，三界匯納在一心，
魑魅魍魎邪精怪，妄為執著意生身。
瘖啞蒙聾殘廢疾，病魔纏縛自迷因，
心生覺了生是佛，心佛未覺佛是生。
罪福本空無自性，原來性空無所憑，
我道一覺超生死，慧光朗照病除根。
阿字門中本不生，吽開不二絕思陳，
五蘊非真業非有，能所俱泯斷主賓。
了知三世一切佛，應觀法界性一真，
一念不生三三昧，我法二空佛印心。
菩薩金剛我眷屬，三緣無住起悲心，
天龍八部隨心所，神通變化攝鬼神。
無限色聲我實相，文賢加持重重身，
聽我法句認諦理，一轉彈指立歸真。

【釋義】

唵乃曠劫獨稱真，六大毘盧即我身，
時窮三際壽無量，體合乾坤唯一人。

唵又作唵，音讀唵，唵即皈命句，即是皈依命根大日如來的法報化三身之意，法身是體，報身是相，化身是用，法身的體是無形之體性，報身之相是無形之相，即功能或云功德聚，化身即體性中之功德所顯現之現象，現象是體性功德所現，其源即是法界體性，這體性亦名如來德性、佛性，如來即理體，佛即精神，理體之德用即精神，精神即智，根本理智是一綜合體，有體必有用。現象萬物是法界體性所幻出，所以現象即實在，當相即道。宇宙萬象無一能越此，此法性自曠劫以來獨一無二的真實，故云曠劫獨稱真。此體性的一中有六種不同的性質，有堅固性即地，地並非一味，其中還有無量無邊屬堅固性的原子，綜合其堅固性假名為地，是遍法界無所不至的，故云地大。其次屬於濕性的無量無邊德性

名水大，屬於煖性的無量無邊德性名火大，屬於動性的無量無邊德性曰風大，屬於容納無礙性的曰空大。森羅萬象，一草一木，無論動物植物礦物完全具足此六大。此六大之總和相涉無礙的德性遍滿法界，名摩訶毘盧遮那，即是好像日光遍照宇宙一樣，翻謂大日如來。吾們的身體精神都是祂幻化出來，故云六大毘盧即我身，這毘盧即是道，道即是創造萬物的原理，當然萬物即是道體。道體是無始無終之靈體，沒有時間空間之分界，是沒有過去現在未來，沒有東西南北，故云時窮三際的無量壽命者，因祂是整個宇宙為身，一切萬物的新陳代謝為命，永遠在創造為祂的事業，祂是孤單的不死人，祂以無量時空為身，沒有與第二者同居，是個絕對孤單的老人，故曰體合乾坤唯一人。

虛空法界我獨步，森羅萬象造化根，宇宙性命元靈祖，光被十方無故新。

袖在這無量無邊的虛空中自由活動，我是袖的大我法身位，袖容有無量無邊的六大體性，袖有無量無邊的心王心所，袖有無量無邊的萬象種子，袖以蒔種，以各不同的種子與以滋潤，普照光明，使其現象所濃縮之種性與以展現成為不同的萬物，用袖擁有的六大為其物體，用袖擁有的睿智精神(生其物)令各不同的萬物自由生活，是袖的大慈大悲之力，袖是萬象的造化之根源，是宇宙性命的大元靈之祖，萬物生從何來？即從此來，死從何去？死即歸於彼處，袖的本身是光，萬物依此光而有，但此光是窮三際的無量壽光，這光常住而遍照十方，沒有新舊的差別。凡夫因執於時方，故有過去現在未來的三際，有東西南北上下的十方觀念，吾人若住於虛空中，即三際十方都沒有了。物質在新陳代謝中凡夫看來有新舊交替，這好像機械的水箱依其

循環，進入來為新，排出去為舊，根本其水都沒有新舊可言。依代謝而有時空，有時空而有壽命長短的觀念，人們因有人法之執，故不能窺其全體，故迷於現象而常沉苦海無有出期。

隱顯莫測神最妙，璇轉日月貫古今，
貪瞋煩惱我密號，生殺威權我自興。
毘盧遮那法身如來的作業名羯磨力，祂從其所有的種子注予生命力，使其各類各各需要的成分發揮變成各具的德性呈現各其本誓的形體及色彩、味道，將其遺傳基因寓於種子之中，使其繁愆子孫，這源動力還是元靈祖所賜。故在一期一定的過程後而隱沒，種子由代替前代而再出現，這種推動力完全是大我靈體之羯磨力，凡夫看來的確太神奇了、太微妙了。不但造化萬物，連太空中的日月星宿亦是祂的力量所支配而璿轉不休息，祂這樣施與大慈悲心造宇宙萬象沒有代價，真是父母心，吾們

是祂的子孫，卻不能荷負祂的使命施與大慈悲心，迷途的眾生真是辜負祂老人家的本誓的大不孝之罪。祂的大慈悲心是大貪，眾生負祂的本誓，祂會生氣，這是祂的大瞋，但眾生還在不知不覺的行為中，如有怨嘆，祂都不理而致之，還是賜我們眾生好好地生活著，這是祂的大癡，這貪瞋癡是祂的心理、祂本有的德性，本來具有的、是祂的密號。祂在創造中不斷地成就眾生的成熟。如菓子初生的時只有發育，不到成熟不能食，故未成熟的菓子是苦澀的，到了長大時必須使其成熟故應與以殺氣才能成熟，有生就應有殺，加了殺氣之後成熟了，菓子就掉下來，以世間看來是死，故有生必有死，這種生殺的權柄是祂獨有，萬物皆然，是祂自然興起的，故云生殺威權我自興。祂恐怕其創造落空，不斷地動祂的腦筋使其創造不空成就，這些都是祂為眾生的煩惱。這煩惱還是祂老人家的本誓云密號，本有功德也。

六道輪回戲三昧，三界匯納在一心，
魑魅魍魎邪精怪，妄為執著意生身。

大我體性的創造中有動物植物礦物，動物
有人類，禽獸，水族，蟲類等具有感情性欲
之類，植物乃草木具有繁衍子孫之類，礦物
即礦物之類。其中人類的各種機能組織特
別靈敏，感情愛欲思考經驗特別發達，故為
萬物之靈長，原始時代大概相安無事的，到
了文明發達就創了禮教，有了禮教擬將教
化使其反璞歸真，創了教條束縛其不致出
規守其本分，卻反造成越規了，這禮教包括
一切之法律，法律並非道之造化法律，故百
密一漏之處在所難免，有的法律是保護帝
王萬世千秋不被他人違背而設的，不一定
對於人類自由思考有幫助，所以越嚴格越
出規，所以古人設禮出有大偽，人類越文明
越不守本分，欲望橫飛要衝出自由，自由是
萬物之特權之性，因此犯了法律就成犯罪。
罪是法沒有自性的，看所犯之輕重論處，
或罰款或勞役或坐牢，期間屆滿就無罪了。
但犯了公約之法律或逃出法網不被發現，
其人必會悔而自責，誓不復犯，那麼此人的
心意識就有洗滌潛意識的某程度，此人必
定還會死後再生為人，若不知懺悔但心中

還常感苦煩，死後一定墮地獄，若犯罪畏罪而逃不敢面對現實，心中恐懼怕人發現，這種心意識死後會墮於畜生道。若人欲望熾盛欲火衝冠，死後必定墮入餓鬼道。若人作善意欲求福報死後會生於天道，人心是不定性的，所以在六道中出歿沒有了時，因為它是凡夫不悟真理才會感受苦境。苦樂感受是三界中事，若果修行悟了道之本體，與道合一入我我入，成為乾坤一人的境界，向下觀此大道即是虛出歿的現象，都是大我的三昧遊戲罷了，能感受所感受的三界都是心，不但三界，十界亦是心，故三界匯納在一心。魑魅魍魎邪精怪是山川木石等孕育天地之靈氣，然後受了動物之精液幻成，受了人之精液即能變為人形，受了猴之精液變猴，其他類推，這種怪物即是魔鬼，它不會因過失而懺悔，任意胡為，它的心是一種執著意識，以其意而幻形，此名意成身，幻形有三條件，一是幽質，二是念朔材質，三是物質，比如說我們要畫圖，在紙上先想所畫之物，這是幽質，未動筆時紙上先有其形了，其次提起鉛筆繪個形起稿，此即念朔材質，次取來彩色塗上，就變成立體之相，幾可亂真了。

暗啞蒙聾殘廢疾，病魔纏縛自迷因，
心生覺了生是佛，心佛未覺佛是生。

人們自出生時或出生了後，罹了暗啞、或眼盲、或耳聾或殘廢疾病，都與前生所作的心識有關，過去世做了令人憤怒而被打了咽喉、或眼目、或殘廢、或致了病入膏肓而死，自己還不能懺悔，心中常存怨恨，這種潛意識帶來轉生，其遺傳基因被其破壞，或在胎內或出生後會現其相。前生若能以般若來觀照五蘊皆空，即可洗滌前愆甚至解縛證道，眾生因不解宇宙真理，執著人法故此也。人們的造惡業亦是心，心生執著而不自覺即迷沉苦海，若果了悟此心本來是佛性，心生迷境而能自覺了，心即回歸本來面目，那個時候迷的眾生就是佛了。這心就是佛，因眾生迷而不覺故佛亦變眾生，是迷悟之一念間，人們應該在心之起念間要反觀自照以免隨波著流。

罪福本空無自性，原來性空無所憑，
我道一覺超生死，慧光朗照病除根。

罪是違背公約的代價，福是善行的人間代價，這都是人我之間的現象界之法，在佛

性之中都沒有此物，六道輪迴之中的諸心所法是人生舞台的法，人們只迷於舞台之法，未透視演戲之人，戲是假的演員是真的，任你演什麼奸忠角色，對於演員本身是毫不相關的，現象無論怎麼演變，其本來佛性是如如不動的，所以世間之罪福無自性，原來其性本空，沒有什麼法可憑依。戲劇中之盛衰生死貧富根本與佛性的演員都沒有一回事。《法華經》中的〈譬喻品〉有長者子的寓意故事，有位長者之子本來是無量財富，因出去玩耍被其他的孩子帶走，以致迷失不知回家，成為流浪兒，到了長大還不知其家，亦不認得其父母，父母還是思念，但迷兒流浪了終於受傭於其家為奴，雙方都不知是父子關係，有一天來了一位和尚，是有神通的大德，對其父子說你們原來是父子，那個時候當場互為相認，即時回復父子關係，子就可以繼承父親的財產了。未知之前其子還是貧窮的，了知之後就成富家兒了，故喻迷沉生死苦海的眾生若能被了悟的大德指導，一覺大我之道就超生死迷境了。了生死是瞭解生死之法本來迷境，這了悟就是智慧，智慧之光朗照，即業力的幻化迷境就消失，病魔之

根就根除了。

阿字門中本不生，吽開不二絕思陳，五蘊非真業非有，能所俱泯斷主賓。

阿字門即是涅槃體，是不生不滅的佛性本體，了知諸法自性本空沒有實體，眾生迷於人法，《金剛般若經》中說的四相，我相、人相、眾生相、壽者相，凡夫迷著以為實有，四相完全是戲論，佛陀教吾們要反觀內照，了知現象即實在，要將現象融入真理，我與道同在，我與法身佛入我我入成為不二的境界，這不二的境界是絕了思考的起沒，滅了言語念頭，靈明獨耀之境界，所有的五蘊是假的，這五蘊堅固就是世間所云之靈魂，有這靈魂就要輪迴六趣了，有五蘊就有能思與所思的主賓關係，變成心所諸法而執著，能所主賓斷了，心如虛空，心如虛空故與道合一，即時回歸不生不滅的阿字門。不然的話，迷著於色聲香味觸之法而認為真，故生起貪愛、瞋恚、愚癡等眾蓋佛性，起了生死苦樂感受。諸法是戲論，佛性不是戲論，佛陀教吾們不可認賊為父。

**了知三世一切佛，應觀法界性一真，
一念不生三三昧，我法二空佛印心。**

應該知道三世一切的覺者是怎樣成佛的。
要了知一個端的應觀這法界森羅萬象是一
真實的涅槃性所現，這是過去佛現在佛未
來佛共同所修觀的方法，一念生萬法現，
一念若不生就是包括了無我、無相、無願
三種三昧，這種三昧是心空，不是無知覺，
是視之不見、聽之不聞的靈覺境界，此乃
一真法性當體之狀態，我執法執俱空即是
入我我入，佛心即我心，我心即佛心，達
到這境界即入禪定，禪是體，定是心不起，
二而一，眾生成佛。釋迦拈花迦葉微笑即
此端的，因為迦葉等五百羅漢，均是不發
大心的外道思想意識潛在，故開了方便手
拈畢波羅花輾動，大眾均不知用意，但都
啞然一念不生注視著，這端的當體即佛性
本來面目，可惜錯過機會，只有迦葉微笑
表示領悟，自此別開一門的無字法門禪宗，
見了性後不能發大心都是獨善其身的自了漢。

菩薩金剛我眷屬，三緣無住起悲心，
天龍八部隨心所，神通變化攝鬼神。

羅漢在高山打蓋睡，菩薩落荒草，佛在世間不離世間覺，羅漢入定不管世事眾生宛如在高山睡覺，定力到極限的時候就醒來，會起了念頭，就墮下來了，菩薩是了悟眾生本質即佛德，已知迷是苦海，覺悟即極樂，菩薩已徹底了悟了，它就不怕生死，留惑潤生，拯救沉沒海中的眾生，如人已知水性了，入於水中會游泳，苦海變成泳池，眾生是不知水性故會沉溺，菩薩入於眾生群中，猶如一支好花入於蔓草之中，鶴立雞群，一支獨秀。佛世間、眾生世間、器世間，都是法界體性所現，在世間覺悟道理了，就是佛，所以佛在世間並無離開世間。佛是世間眾生的覺悟者，菩薩為度眾生而開方便法門，但有頑固的眾生不受教訓，菩薩就起了忿怒相責罰，這就是金剛，這是大慈大悲的佛心所流露之心所，其體即佛，心王心所是佛之眷屬，這種大慈大悲的教化眾生之心所，是沒有能度所度及功勞的心，無住生心，歸納起來菩薩金剛都是大悲毘盧遮那之心。此心即佛心，要度

天或鬼神就變化同其趣。如天要降雨露均
沾法界眾生就變天龍，要守護法界眾生就
變八部神將，都是大日如來心所所流出的。
祂的神通變化是莫測的，不但能度的菩薩
金剛，連鬼神之類亦是毘盧遮那普門之一
德，普門之多的總和即總持，入了總持即
普門之德具備，這總持即是心。

無限色聲我實相，文賢加持重重身，
聽我法句認諦理，一轉彈指立歸真。
心是宇宙心，心包太虛，太虛之中有無量
基因德性，無量基因德性即普門，色即現
前之法，聲即法相之語，語即道之本體，有
其聲必有其物，有其物即有其色相，無限
的基因德性，顯現無限不同法相，能認識
之本體即佛性智德，顯現法相之理即理德，
智德曰文殊，理德曰普賢，法界之森羅萬
象即此理智冥加之德，無量無邊之理德及
無量無邊之智德，無論一草一木都是此妙
諦重重冥加的總和，只是基因德性之不同，
顯現之物或法都是各各完成其任務之相。
若不如是萬物即呈現清一色、一味、一相，
都沒有各各之使命標幟了。這無限無量的

基因德性曰功德，這功德都藏於一心之如來藏中，凡夫不知故認後天收入的塵法為真，將真與假合璧，成為阿賴耶識，自此沉迷三界苦海了，人們若果聽了這道理而覺悟，即不起於座立地成佛了。

一 完 一

附 錄 三
愛染明王簡修法

真言宗光明流血脈圖

悟	微	玄	覺	諦	真	常
光	明	普	照	超	證	密	嚴
全	頭	進	相	重	果	弘	法
妙	德	廣	化	永	尚	本	宗

結印之時
各指名稱

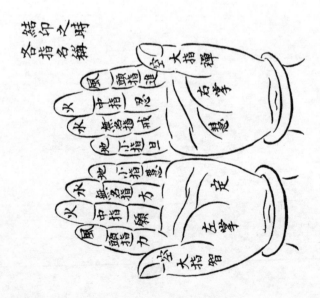

愛染明王簡修法

先 敬依 （金合）名三禮

南 無吉魯毘 那
南 無佛陀 那 那
南 無達摩 那 那
南 無僧伽 那 那

次 普禮 （金合）一遍

唵 薩 縛 怛 他 誐 多 播 那 満 那
曩 迦 嚕 弭

次 淨三業 （遍合二次端二開 印五處）五遍

唵 娑 嚩 婆 嚩 秫 馱 薩 嚩 達 磨
娑 嚩 婆 嚩 秫 度 唅

次　佛部三昧那　（連合二風屈著二火
中節二至著二風間）

唵　怛　他　誐　都　納　嚩　嚩　那　婆　婆

訶　　　　　　　　　　一遍

次　蓮華部三昧那　（八葉印）一遍

唵　跛　娜　謨　納　嚩　嚩　那　婆　婆　訶

次　金剛部三昧那　（合金剛掌二風相
著二火屈如鉤合）

唵　嚩　日　嚕　納　嚩　嚩　那　婆　婆　訶

次　被甲護身　（内縛二火立合二風如
鉤相柱二水火印
心印五處誦之）

唵　嚩　日　囉　儗　儞　鉢　囉　捻　跛　跢

耶 娑婆訶

次　五悔　(金合)

一切恭敬　敬禮常住三寶

淨三業真言

唵 娑嚩 婆嚩 秫馱 娑嚩 達磨 娑嚩

娑嚩 婆嚩 秫度 憾　　　　一遍

普禮真言：(金合)

唵 薩嚩 怛 他 誐 多 播 那 滿 娜

曩 迦 嚕 弭　　　　　一遍

皈命十方一切佛

最勝妙法菩提眾

以身口意清淨業

慇懃合掌恭敬禮

皈命頂禮大悲毘盧遮那佛

無始輪迴諸有中

身口意業所生罪

如佛菩薩所懺悔

我今陳懺亦如是

皈命頂禮大悲毘盧遮那佛

我今深發歡喜心

隨喜一切福智聚

諸佛菩薩行願中

金剛三業所生福

緣覺聲聞及有情

所有善根盡隨喜

皈命頂禮大悲毘盧遮那佛

一切世燈坐道場

覺眼開敷照三有

我今胡跪先勸請

轉於無上妙法輪

所有如來三界主

臨般無餘涅槃者

我皆勸請令□往
不捨悲願救世間

敬命頂禮大悲毘盧遮那佛

懺悔　隨喜　勸請

願我不失菩提心
諸佛菩薩妙眾中
常為善友不厭捨
離於八難生無難
宿命住智莊嚴身
遠離愚迷具悲智

悉能滿足波羅蜜
富樂豐饒生勝族
眷屬廣多恒熾盛
四無礙辯十自在
六通諸禪悉圓滿
如金剛幢及普賢
願讚迴向亦如是

敬命頂禮大悲毘盧遮那佛

次　發菩提心　（金台）一冊

唵 冒 質 地 多 母 怛 婆 娜 野 弭

次 三昧耶（金合）一遍

唵 三 昧 耶 薩 怛 鑁

次 發願（金合）

至心發願　其言教
大日如來　兩部界會

諸尊聖眾　護法天等
愛染金剛、三十七尊、諸薩埵等
所設妙供　哀愍納受
攝持弟子　無始以来
護持三業所把一切罪障
皆悉消除　心中所願
決定圓滿　天下法界
平等利益

次 五大願

衆生無邊誓願度
福智無邊誓願集
法門無邊誓願學
如來無邊誓願事
菩提無上誓願證
自他法界同利益

次　普供養　（金合）一遍

唵　阿謨伽　布惹　摩尼　跛納摩

縛日你　怛他誐多　尾路枳帝

三滿多　鉢囉薩囉　吽

次　三力偈　（金合）

以我功德力　　如來加持力

及以法界力　　普供養而住

燒香

次　道場觀　如末拳印

宮須彌山頂有（悉曇字）唵字，變成七寶字，成入葉蓮花台，花台上有日輪。日輪中（悉曇字）吽字，變成五鈷鈎。鈎變成愛染金剛，身色如日暉，住於熾盛輪，三目威怒視，首豎師子冠，利毛忿怒形，又安五鈷鈎住於師子頂，垂五色花鬘，覆天帶於耳，左手持金鈴，右手執五峯之杵，儀形如薩埵，安立眾生界。次之左手金剛弓，如射眾星光，能成大染法，持於左下手，彼右執蓮如打勢，速滅一切惡心之眾，無下身，作如打勢，以諸花鬘之索絞結以莊嚴，住於赤色蓮，蓮下有寶瓶，由兩畔吐諸寶。

オンボククン

唵步欠

（已上加持）左膝、担、右膝、心、額、喉、頂

次

大虚空藏

合掌二火外相叉二風相拄成三角宝

形（咒一遍）

ギャギャナウサンバンババザラコク

唵誐誐曩三婆嚩嚩日羅斛

迎請本尊

大鉤召（内縛、右風指舒伸、鉤召三次）

ナウマクサマンダボダナンアクサラバタラ

曩謨三満多母怛喃悪薩嚩怛

ハラチハテイタタギャタクシャ

羅鉢羅底訶帝怛他誐多句斫

ボウチシャリヤハリホラキャエイケイ

目地斫里也鉢里弗囉迦曳醯。

扎斗綾斛娑婆訶（二遍）

註：誦至引召時三鈎召後解印次結
攝印明結誦誦

次 禮佛 （金台）

南無摩訶毘盧遮那佛

南無阿閦佛

南無寶生佛

南無無量壽佛

南無不空成就佛

南無四波羅蜜菩薩

南無十六大菩薩

南無八供養菩薩

南無四攝智菩薩

南無愛染明王

南無金剛界一切諸佛菩薩

南無大悲胎藏界一切諸佛
菩薩

又 本尊加持‥根本印‥內縛忍願交右押左。
　　　　　　　　（心、額、喉、頂、四處加持）

唵 摩 訶 羅 誐 嚩日囉 嚕 瑟尼 灑 嚩日囉
薩 怛 嚩 · 溺 吽 鑁 斛。

又 燒香

又 加持念珠

唵 嚕嚕覩 娑婆訶 三遍

唵 毘 盧 遮 那 摩 羅 娑婆 訶

我 欲 救 濟 衆 餘 界
一 切 有 情 諸 苦 難
本 末 俱 是 薩 般 若
法 界 三 昧 早 現 前

又 披 轉 念珠

曩　嚩日羅　鞞野　怒　姿　三摩

那　吽

三遍

次　本尊見（百遍）

唵　摩訶羅識嚩日嚕瑟惡尼酒嚩日羅

薩怛縛・溺吽鍐斛。

修習念誦法　以此勝福田
法界諸有情　逮成大日尊

次　本尊加持（作法如前）

唵　摩訶羅識嚩日嚕瑟惡尼酒嚩日羅

薩怛縛・溺吽鍐斛。

次　佛母加持

煽香　揭球　柳閼

又　蔵合誦

金剛界大日尊

唵　縛日羅　馱都　鑁　　　　百遍

胎藏界大日尊

阿　毘羅　吽　欠　　　　　百遍

∘本尊尼

唵 摩 訶 羅 誐 嚩 日 嚕 瑟 尼 灑 · 嚩 日 羅

薩 怛 縛 · 溺 吽 鎪 斛 。　　　十遍

∘ 大金剛輪 廿一遍

曩 謨 悉 底 哩 耶 地 尾 迦 喃 怛

他 誐 多 喃 唵 尾 囉 爾 尾 囉 爾

摩 訶 斫 迦 囉 嚩 日 哩 娑 多 娑 多

囉 以 娑 囉 帝 娑 囉 帝 怛 囉 以 怛

囉 以 尾 馱 摩 尼 三 半 惹 你 怛

唵摩地毗盧遮曩縛日囉馱都

麼俱

- 一字金輪

曩謨三滿多母馱南唵部隆　百遍

- 佛眼小咒

唵母捉路者隸薩嚩賀　七遍

次　迴向　(金合)

　　　所修功德

迴向三寶願海

迴向三界天人

迴向一切神等

迴向諸聖賢等

迴向國運昌隆
迴向自他法界際
迴向年年平利益
迴向遍法界
迴向大菩提

至心迴向 （全合）

次

懺悔　隨喜　勸請　住壽　請福
願我不失菩提心
諸佛菩薩妙眾中

常為善友不厭捨
遠離八難生無難
宿命住智莊嚴身
悉能滿足波羅蜜
富饒種族勝生樂
眷屬廣多恆熾盛
四無礙辯十自在
六通諸禪悉圓滿

如金剛幢及普賢
願讚迴向亦如是
敬命頂禮大悲毘盧遮那佛

次　撥遣（小字外拼文三火立合攷對）

唵　嚩日羅　目乞叉　穆

次　三部　被甲護身

次　禮佛

出堂

智理文化系列

續真言宗三十日談

作者
玄覺

編輯
玄蒔

美術統籌
莫道文

美術設計
曾慶文

出版者
資本文化有限公司
地址：香港中環康樂廣場1號怡和大廈24樓2418室
電話：(852) 28507799
電郵：info@capital-culture.com
網址：www.capital-culture.com

鳴謝
宏天印刷有限公司
地址：香港柴灣利眾街40號富誠工業大廈A座15字樓A1, A2室
電話：(852) 2657 5266

出版日期
二〇二〇年七月第一次印刷